中学化学教学艺术

刘翠　石枫　赵玲玲　等编著

电子工业出版社
Publishing House of Electronics Industry
北京·BEIJING

内 容 简 介

本书基于作者对中学化学教学的深入研究与实践经验，对中学化学教学艺术进行具体的理论分析和实践上的探讨，内容包括化学教学导课的艺术、化学教学课堂提问的艺术、化学实验教学的艺术、化学教学板书设计的艺术、化学习题教学的艺术、化学教学结课的艺术、化学教学应变艺术、化学学习指导的艺术等，书中穿插了丰富的教学案例，设计了多样的思考题。

本书可作为化学教育专业本科生、研究生教材，也可作为中学教师技能培训的教材或参考书。

未经许可，不得以任何方式复制或抄袭本书之部分或全部内容。
版权所有，侵权必究。

图书在版编目(CIP)数据

中学化学教学艺术/刘翠等编著. —北京：电子工业出版社，2021.5
ISBN 978-7-121-41116-8

I. ①中… II. ①刘… III. ①中学化学课—教学法—高等学校—教材 IV. ①G633.82

中国版本图书馆 CIP 数据核字(2021)第 081787 号

责任编辑：杨　博
印　　刷：大厂聚鑫印刷有限责任公司
装　　订：大厂聚鑫印刷有限责任公司
出版发行：电子工业出版社
　　　　　北京市海淀区万寿路 173 信箱　　邮编：100036
开　　本：787×1092　1/16　印张：8.75　字数：224 千字
版　　次：2021 年 5 月第 1 版
印　　次：2021 年 5 月第 1 次印刷
定　　价：39.00 元

凡所购买电子工业出版社图书有缺损问题，请向购买书店调换。若书店售缺，请与本社发行部联系，联系及邮购电话：(010)88254888，88258888。

质量投诉请发邮件至 zlts@phei.com.cn，盗版侵权举报请发邮件至 dbqq@phei.com.cn。
本书咨询联系方式：yangbo2@phei.com.cn。

前　言

化学教学是一门创造性很强的艺术，在教学的每个环节中，都体现出教师的聪明才智和艺术才能。正如人们常说的："成功的教学，给人一种艺术的享受。"众所周知，在一定意义上，艺术性的教学是一种高境界的教学。在我国现代化学教学论体系形成初期，研究者并未把化学教学艺术纳入化学教学论的范畴。随着化学教学论的发展，人们越来越清晰地认识到，化学教学艺术在化学教学中有着独特的魅力和作用，具有绝对的不可替代性。化学教学艺术的发展，能够促进化学教学论的发展，反之亦然。只有化学教师的教学达到了一定的水平，我们才会把其教学行为称为艺术。这就要求中学化学教师不仅具有丰富的知识底蕴，还需要兼具化学教学能力、教学素养等。因此，本书力求密切结合化学学科特点，以现代教育理论为基础，紧密联系化学教学实践，对中学化学教学艺术做理论上的分析和实践上的探讨。

本书共 11 章，分别阐述了中学化学教学艺术概述、化学教学导课的艺术、化学教学课堂提问的艺术、化学实验教学的艺术、化学教学板书设计的艺术、化学习题教学的艺术、化学教学结课的艺术、化学教学应变艺术、化学学习指导的艺术、化学教学艺术的风格、化学教学评价的艺术，并且对这些教学艺术进行细致具体的分析。本书的编排注重化学教学艺术理论和实践的联系。在理论论证的过程中引用了丰富的案例，贴近中学化学教学实际，不但使得理论分析有一定的实践支撑，而且有助于读者掌握化学教学艺术理论后，能够更好地将之运用于化学教学实践。我们的初衷是，希望本书能给学科教学（化学）专业教育硕士、化学专业师范生、中学化学教师及相关教育教学工作者提供有价值的参考。

参与本书编著的有：刘翠（江苏师范大学教育科学学院/教师教育学院）、石枫（江苏师范大学化学与材料科学学院）、赵玲玲（江苏师范大学化学与材料科学学院）、刘硕（江苏师范大学化学与材料科学学院）、刘婧媛（江苏师范大学化学与材料科学学院）、雍世伟（徐州市铜山区郑集镇中心中学）、姚彦川（邳州市议堂中学）、许丽永（新沂市第一中学）、宗汉（泰州市兴化市楚水实验学校）、郝蓓（徐州高级中学）、韩雪松（河北南宫中学）、刘志峰（河北南宫中学）、马逸群（徐州市第十三中学）、王澍（徐州市教育教学研究室）、张兴涛（徐州市第三十六中学）、王永臻（徐州市第三十六中学）、丁玲杰（徐州市第三十六中学）、刘其凯（江苏省丹阳高级中学）、张龙（新疆生产建设兵团第四师可克达拉市 73 团中学）等。

编著者耗费大量时间精力进行构思和选材，参考了大量有影响力的著作，观摩了许多化学教学名师的课堂教学活动。此外，参考或引用了很多作者的论文，已作为参考文献列入相关章节之中，但或许会有遗漏，在此表示歉意。向所有对本书给予指导的前辈、同人及文献原作者表示诚挚的谢意。由于编著者知识水平和能力有限，书中可能存在疏漏、偏颇之处，恳请读者不吝指教，以便于我们改正。

目　　录

第一章　绪论 ·· 1
　第一节　化学教学艺术概述 ··· 1
　　一、教学艺术的内涵 ·· 1
　　二、化学教学艺术的特殊性 ·· 2
　　三、化学教学是科学与艺术的结合 ·· 3
　第二节　研究化学教学艺术的意义 ··· 4
　　一、更合理地使用与开发教材 ··· 4
　　二、更全面地看待教师角色 ·· 4
　　三、更科学地看待学生的发展 ··· 4
　第三节　化学教学艺术的研究方法 ··· 5
　　一、反思法 ··· 5
　　二、观察法 ··· 5
　　三、扎根理论法 ·· 5
　　四、实验法 ··· 6
　参考文献 ·· 6

第二章　化学教学导课的艺术 ·· 7
　第一节　化学教学导课艺术的特点 ··· 7
　　一、简洁明了 ·· 7
　　二、有针对性 ·· 7
　　三、启迪思维 ·· 8
　　四、生动有趣 ·· 8
　第二节　化学教学导课的原则 ·· 8
　　一、整体性原则 ·· 8
　　二、冲突性原则 ·· 8
　　三、适度性原则 ·· 8
　　四、互动性原则 ·· 9
　　五、趣味性原则 ·· 9
　第三节　化学教学导课的基本形式 ··· 9
　　一、温故知新导课 ··· 9
　　二、创设情境导课 ·· 10
　　三、利用实验导课 ·· 12
　　四、历史材料导课 ·· 14

五、故事导课 ·· 15
　　　六、谜语导课 ·· 15
　　　七、魔术导课 ·· 16
　　　八、歌曲导课 ·· 17
　　　九、短剧导课 ·· 17
　第四节　化学教师如何开展导课设计 ·· 18
　　　一、精心选择与组织素材 ··· 18
　　　二、导课形式符合教学风格 ·· 19
　　　三、注重学生的情感体验 ··· 19
　参考文献 ··· 19

第三章　化学教学课堂提问的艺术 ·· 21
　第一节　化学教学的提问主体 ·· 21
　　　一、教师作为提问主体 ·· 21
　　　二、学生作为提问主体 ·· 22
　第二节　化学教学提问艺术的类型 ·· 23
　　　一、知道水平的提问 ··· 23
　　　二、理解水平的提问 ··· 24
　　　三、运用水平的提问 ··· 24
　　　四、分析水平的提问 ··· 25
　　　五、综合水平的提问 ··· 26
　　　六、评价水平的提问 ··· 26
　第三节　化学教学提问艺术的功能 ·· 27
　　　一、教师提问的功能 ··· 28
　　　二、学生提问的功能 ··· 28
　第四节　教师如何提升化学教学提问艺术 ·· 29
　　　一、探寻与教学提问相关的理论 ··· 29
　　　二、恰当地使用各种提问方式 ·· 30
　　　三、掌握提问技巧 ·· 30
　　　四、有效反馈信息 ·· 30
　参考文献 ··· 31

第四章　化学实验教学的艺术 ·· 32
　第一节　化学实验教学艺术的功能 ·· 32
　　　一、掌握化学方法 ·· 32
　　　二、提升化学实验思维能力 ·· 32
　　　三、提升化学实验设计能力 ·· 33
　　　四、培养实验创新能力 ·· 33
　第二节　化学实验教学情境创设的艺术 ·· 33

一、从生活入手创设情境 …………………………………………………………33
　　二、从工业生产入手创设情境 ……………………………………………………35
　　三、通过提问创设情境 ……………………………………………………………37
　　四、运用化学史料创设情境 ………………………………………………………37
　　五、利用突发事件创设情境 ………………………………………………………39
　　六、利用数字化实验创设情境 ……………………………………………………40
　第三节　化学实验创新设计方法 ……………………………………………………41
　　一、移植方法 ………………………………………………………………………42
　　二、替换方法 ………………………………………………………………………44
　　三、模仿方法 ………………………………………………………………………46
　　四、组合方法 ………………………………………………………………………47
　第四节　教师如何提升实验教学设计艺术 …………………………………………48
　　一、选取有价值的实验问题 ………………………………………………………48
　　二、设计多种形式的实验教学情境 ………………………………………………49
　　三、创设适宜的实验教学环境 ……………………………………………………49
　　四、改革化学实验教学评价方法 …………………………………………………49
参考文献 …………………………………………………………………………………50

第五章　化学教学板书设计的艺术 ……………………………………………………51
　第一节　化学教学板书设计的原则 …………………………………………………51
　　一、目的性 …………………………………………………………………………51
　　二、层次性 …………………………………………………………………………51
　　三、准确性 …………………………………………………………………………51
　　四、实用性 …………………………………………………………………………52
　　五、趣味性 …………………………………………………………………………52
　　六、审美性 …………………………………………………………………………52
　　七、多样性 …………………………………………………………………………52
　　八、创新性 …………………………………………………………………………52
　第二节　化学教学板书设计的形式 …………………………………………………52
　　一、板画式 …………………………………………………………………………53
　　二、对比式 …………………………………………………………………………53
　　三、鱼骨式 …………………………………………………………………………53
　　四、网络式 …………………………………………………………………………54
　　五、坐标式 …………………………………………………………………………54
　　六、凸显主题式 ……………………………………………………………………54
　　七、线条变化式 ……………………………………………………………………55
　　八、提示式 …………………………………………………………………………55
　　九、对称式 …………………………………………………………………………56

十、表格式 ·· 56
　　十一、线索式 ·· 57
　　十二、提问式 ·· 57
　　十三、纺锤式 ·· 57
　　十四、微缩式 ·· 58
　　十五、练习式 ·· 58
　　十六、导图式 ·· 58
　　十七、偏幅式 ·· 58
　　十八、图画式 ·· 59
　第三节　化学教师如何开展板书设计 ·· 60
　　一、具有深入分析与提炼教材的能力 ·· 60
　　二、具备审美素养 ·· 60
　　三、拥有较高的专业知识水平 ··· 60
　　四、具有创造性思维能力 ·· 60
　参考文献 ··· 60

第六章　化学习题教学的艺术 ··· 62
　第一节　化学习题的功能 ··· 62
　　一、教育价值导向的功能 ·· 62
　　二、活化知识与优化思维 ·· 62
　　三、沟通反馈的功能 ··· 62
　第二节　化学习题设计的原则 ·· 63
　　一、目的性原则 ·· 63
　　二、科学性原则 ·· 63
　　三、关联性原则 ·· 63
　　四、层次性原则 ·· 63
　　五、情境性原则 ·· 63
　　六、开放性原则 ·· 64
　第三节　化学习题讲解的原则 ·· 64
　　一、精选精讲的原则 ··· 64
　　二、注重解法的原则 ··· 64
　　三、学生参与的原则 ··· 64
　第四节　化学习题情境的创设 ·· 65
　　一、悬疑类习题情境 ··· 65
　　二、复杂的习题情境 ··· 66
　　三、典型事件的习题情境 ·· 67
　第五节　化学习题教学创新设计 ·· 68
　　一、发展性习题设计 ··· 69

二、开放型习题设计 ………………………………………………………… 70
　　三、实验类习题设计 ………………………………………………………… 72
　　四、富有弹性的习题设计 …………………………………………………… 74
　第六节　教师如何提升化学习题教学艺术 ……………………………………… 75
　　一、掌握创设习题的策略 …………………………………………………… 75
　　二、采用同伴互助的学习模式 ……………………………………………… 75
　　三、注重非智力因素的培养 ………………………………………………… 75
　参考文献 …………………………………………………………………………… 76

第七章　化学教学结课的艺术 …………………………………………………… 77
　第一节　化学教学结课艺术的特点 ……………………………………………… 77
　　一、梳理知识，突出重点 …………………………………………………… 77
　　二、开阔视野，激活思维 …………………………………………………… 77
　　三、方式多样，激发兴趣 …………………………………………………… 77
　第二节　化学教学结课艺术的原则 ……………………………………………… 78
　　一、完整性原则 ……………………………………………………………… 78
　　二、巩固性原则 ……………………………………………………………… 78
　　三、比较性原则 ……………………………………………………………… 78
　　四、悬念性原则 ……………………………………………………………… 79
　　五、延伸性原则 ……………………………………………………………… 79
　　六、简洁性原则 ……………………………………………………………… 79
　　七、适度性原则 ……………………………………………………………… 79
　第三节　化学教学结课的方式 …………………………………………………… 79
　　一、练习巩固式 ……………………………………………………………… 79
　　二、延伸式 …………………………………………………………………… 80
　　三、拓展式 …………………………………………………………………… 81
　　四、悬念式 …………………………………………………………………… 81
　　五、呼应式 …………………………………………………………………… 82
　第四节　化学教师如何提升结课艺术 …………………………………………… 82
　　一、精练总结语 ……………………………………………………………… 82
　　二、把握时间节奏 …………………………………………………………… 82
　　三、注重反思总结 …………………………………………………………… 83
　参考文献 …………………………………………………………………………… 83

第八章　化学教学应变艺术 ……………………………………………………… 84
　第一节　化学教学应变艺术的特点 ……………………………………………… 84
　　一、偶发性 …………………………………………………………………… 84
　　二、创造性 …………………………………………………………………… 84
　　三、灵活性 …………………………………………………………………… 84

四、巧妙性 ·· 85
  第二节　化学教学应变艺术的原则 ·· 85
　　一、及时性原则 ·· 85
　　二、有效性原则 ·· 85
　　三、科学性原则 ·· 85
　　四、发展性原则 ·· 85
  第三节　化学教学应变策略 ·· 86
　　一、顺水推舟策略 ·· 86
　　二、引导策略 ·· 87
　　三、幽默策略 ·· 88
　　四、就地取材策略 ·· 89
  第四节　教师如何提高化学教学应变能力 ·· 90
　　一、课前准备充分 ·· 90
　　二、构建宽松民主的学习氛围 ·· 90
　　三、注重学识积累 ·· 90
　　四、增强教学美感 ·· 90
  参考文献 ·· 91

第九章　化学学习指导的艺术 ·· 92
  第一节　学生学习风格的类型 ·· 92
　　一、场独立性与场依存性 ·· 92
　　二、沉思型与冲动型 ·· 93
　　三、聚合、发散、同化和顺应型 ·· 93
  第二节　化学学习指导的模式 ·· 94
　　一、先学后教模式 ·· 94
　　二、比赛学习模式 ·· 96
　　三、实践活动学习模式 ·· 103
　　四、实验创新学习模式 ·· 105
  第三节　教师如何提升化学学习指导艺术 ·· 106
　　一、给学生任务，让他们知道该"做"什么 ································· 107
　　二、注重实践操作，加深对知识的理解 ······································ 107
　　三、赏识学生，让他们爱上课堂 ·· 107
  参考文献 ·· 107

第十章　化学教学艺术的风格 ·· 109
  第一节　化学教学风格的形成阶段 ·· 109
　　一、学习阶段 ·· 109
　　二、模仿阶段 ·· 109
　　三、创新阶段 ·· 110

四、稳定阶段 ·· 110
第二节　化学教学艺术风格的特点 ·· 110
　　　一、独特性 ·· 110
　　　二、多样性 ·· 111
　　　三、程式性 ·· 111
　　　四、高效性 ·· 111
　　　五、积极性 ·· 111
　　　六、发展性 ·· 111
第三节　化学教学艺术风格的类型 ·· 111
　　　一、幽默型 ·· 112
　　　二、启发型 ·· 112
　　　三、渊博型 ·· 112
　　　四、咨询型 ·· 112
　　　五、创新型 ·· 112
第四节　教师教学艺术风格对学生发展的影响 ·· 113
　　　一、对学生个性的影响 ·· 113
　　　二、对学生学习风格的影响 ··· 113
　　　三、对学生思维发展的影响 ··· 113
第五节　化学教师教学艺术风格的形成途径 ··· 114
　　　一、发挥自身优势 ·· 114
　　　二、学会阅读与倾听 ··· 114
　　　三、注重教学实践 ·· 114
参考文献 ··· 115

第十一章　化学教学评价的艺术 ··· 116
第一节　化学教学评价艺术的特点 ·· 116
　　　一、建立在对学生尊重与理解的基础上 ··· 116
　　　二、注重师生之间的交流与互动 ·· 116
　　　三、采用多种评价方式 ·· 117
　　　四、质性评价和量化评价相结合 ·· 117
第二节　化学教学评价艺术的原则 ·· 117
　　　一、发展性 ·· 117
　　　二、人本性 ·· 117
　　　三、统整性 ·· 118
　　　四、双向性 ·· 118
　　　五、合理性 ·· 118
第三节　化学教学评价量表 ··· 118
　　　一、教学设计评价 ·· 118

二、化学教学环节评价……………………………………………………119
　　三、"教"和"学"的行为评价………………………………………………120
　第四节　化学教学评价的发展趋势……………………………………………124
　　一、关注学段差异………………………………………………………124
　　二、关注化学课型差异…………………………………………………124
　　三、关注教学风格差异…………………………………………………124
　　四、关注教学主题差异…………………………………………………124
参考文献……………………………………………………………………………125

第一章 绪 论

> 许多研究者用美学观研究化学教学艺术,并把化学教学艺术作为一个系统。其对象包含教学的各个方面、各个环节,如教学的手段和方法,教学过程的控制、教学任务的确定、教学气氛的创造和教学结果的评价等[1]。可见化学教学艺术的研究涉及微观、宏观两个层面,大到化学教学艺术本质的探讨,小到化学教学语言特点的研究,随着研究的深入,化学教学艺术也会形成一个比较完备的理论体系。

第一节 化学教学艺术概述

一、教学艺术的内涵

与其他艺术种类的综合艺术不同,教学艺术是由教学活动的特性所决定的,是教师教的艺术与学生学的艺术的有机融合。《学记》是世界上最早出现的教学论专著,从教和学两个方面明确提出了"善教善学"的教学艺术思想[2]。

"善教"包括善喻、善问。《学记》提出:"善教者使人继其志:其言也,约而达,微而臧;罕譬而喻。"指的是教师语言应做到简练、析理透彻、通俗易懂、深入浅出、举例恰当,善于剖析问题,进而启发学生思维,激发学习兴趣。此外,教师还需要"博喻"。"能博喻,然后能为师,能为师,然后能为长",即教师只有及时抓住解释的最佳时机,从多角度全面分析问题,才能培养学生分析问题和解决问题的能力。"善问"包括善于发问和善于待问两个方面。"善问者如攻坚木,先其易者,后其节目,及其久也,相悦以解。"指的是教师提问的过程如同伐木,应从表及里,从易到难,进而逐步解决疑难问题。教师不仅要"善问",还要善于"待问",即回答问题。"善待问者如撞钟,叩之以小者则小鸣,叩之以大者则大鸣;待其从容;然后尽其声。"即教师应针对学生的问题,按其大小、深浅、难易程度给予学生不同的解答,应充分发挥学生的主动性,促使其不断思考,不断提问,进而促使学生的思维能力得到提升。

"善学"的教学艺术思想:《学记》同时强调学生必须善学。"善学者,师逸而功倍,又从而庸之;不善学者,师勤而功半,又从而怨之。"《学记》把"善学"具体化为"摩""时""乐""志"等方法艺术。《学记》提出"相观而善之谓摩",强调同学之间相互讨论、交流、琢磨学问,共同提高。"时"强调的是教师应把握有利的学习时机,使学生产生积极的学习动机,活跃思维,提升教学效率。《学记》提出:"不兴其艺,不能乐学。""乐"是对事物一种愉悦的内在心理体验,它是学习的一个重要因素,也是一种学习的重要方法。学生只有在愉悦的状态下学习,才能产生良好的学习效果。《学记》继承先秦儒家传统,非常强调"志",即理想、动机在学习中的积极作用。《学记》提出"凡学,官先事,士先志""善教者使人继其志""君子可以有志于学矣",指的是学习者首先必须树立崇高远大的学习目标,教师应帮助学生树立远大的理想,激励他们"志于学"。

"善学善教"教学艺术思想,对化学教学艺术具有指导意义。例如,"能博喻""善待问者如撞钟"等思想,适用于化学提问艺术;"不兴其艺,不能乐学"的思想,适用于教学情境的创设艺术。

最早提出"教学艺术"这一概念的人是夸美纽斯。他在1632年出版的《大教学论》,"阐明把一切事物交给一切人们的全部艺术"。夸美纽斯关于教学艺术就是教学的观点,使得他成为把理想的教学作为教学艺术的第一人[3]。

20世纪80年代,我国学者真正把教学艺术作为研究对象进行思考。1981年,苏灵杨在《教育研究》发表的一篇"教师,塑造一代人的工程师和艺术家"的论文,从教学艺术的视角对教师、教育、教学进行了详细的论述。1983年,王晋堂在全国教育学会第三届年会提交了一篇题为"论课堂教学艺术"的论文,对教学艺术进行了系统论述。之后,我国有很多学者对教学艺术进行了深入的研究,陆续出版了一些"教学艺术论"的专著,均提出了教学艺术论是一门独立学科的观点。目前我国学者关于教学艺术的内涵有多种界定:

钟以俊提出,教学艺术指遵循美的规律,贯彻美的原则而进行的创造性教学[4]。

吴也显认为创造性是教学艺术的生命,是教学艺术的主要特征[5]。

王坦从"艺术"的含义出发,结合教学活动的具体特点,将教学艺术表述为师生交互作用、紧密合作,遵循教学规律,创造性利用各种教学变项,最佳完成教学任务的活动特征[6]。

王升提出教学艺术就是教师在科学的教学观和审美原理的指导下,旨在省时高效地达到教育目的所使用的具有个人独特性、创造性的教学方法[7]。

刘庆昌认为教学艺术是教师为达到一定的教学目的,按照教和学的规律、教学美的规律而进行的具有创造性和个性化的教育行为。形成一定的艺术风格是教学的最高境界;成为教学艺术家是教师的最高境界[8]。刘庆昌关注了教学规律与美的规律,教学的创造性与个性化,总结出教学艺术就是达到艺术境界、符合艺术活动标准的教学活动。

李如密认为[9],教学作为艺术有着三层含义:其一指教学过程中运用教学方法体系的技能技巧;其二指教学应遵循美的规律、美的原则,应具有创造性;其三指教学过程体现的教师的教学个性与艺术创造活动。李如密关于教师艺术的诠释非常全面,既提出了教学艺术是技能技巧,又指出教学只有体现了美的规律与原则才能上升到艺术的层级,还指出教学艺术体现了教师的个性与创造性。

教师教学艺术风格主要有三个特征,即独特性、稳定性和发展性。独特性指教学艺术的个性化,表现为教学艺术实践中的新颖、独到、别具一格。因为每个教师都有不同的教育、个性、习惯以及生活环境等,这种主体自身的独特性决定了教学艺术风格之花绚丽多彩。稳定性:教学艺术风格一旦形成,就会在相当长的一段时间内保持不变,这是风格的相对稳定性。稳定性也是教师教学艺术成熟的重要标志。发展性:教师要不断学习别人,取长补短、突破自己,进而完善个人的教学艺术风格[10]。

二、化学教学艺术的特殊性

化学教学艺术体现了化学教师的个人才华。教学艺术是一种具有独特的创造性和审美价值定向的非实体因素，通过化学教学活动得以不停顿地显现和运作，是对化学教学具有深刻影响的要素。化学教学艺术的特殊性体现在以下几个方面[11]：

(一)特殊的学科基础

化学教师群体受过专门的职业训练、掌握渊博的化学知识、懂得教育理论和教育研究方法。化学教师在教学过程中充分利用前人的发明成果，并遵循科学育人的规律，从事青少年心灵品格的培养、塑造工作。化学教师除了具备自主性、好奇心、开放性和创造性的一般品格，还应具有化学学科及化学教学的特殊品格，即在教学过程中充分体现化学学科美和化学教学现实美。

(二)独特的化学之美

化学教学艺术的灵魂是独特的化学之美。化学之美是化学学科自然美与教学的现实美相结合的产物，是化学教师心灵与行为规范的一种体现。化学教学中的美包括两个方面：一是化学科学美；二是化学教学美。化学学科无论是化学知识、化学史、化学符号、化学实验现象、实验仪器、实验操作、实验现象和化学理论等方面都是充满美的，每一维度都具有独特的关于美学的敏感性，以使学科趋于完善的崇高境界，都能给学生以美的享受，培养学生对美的鉴赏，使学生在潜移默化中受到美的熏陶和感染。化学教学之美的功能体现在化学课堂上，学生不仅能够获得书本上的科学知识，还能够获得发现美、体会美、欣赏美、创造美的启示。应当指出，化学教学之美与化学教学艺术一样，是一块富含宝藏的文化圣地。

(三)独立的化学语言系统

化学语言是学生理解物质化学变化的最贴切、最丰富的符号系统。中学化学教学中常用的化学符号可按形式分为两类：一类是字母符号，另一类是图形符号。按功能可分为：实体符号、状态符号、结构符号、条件符号及效应符号等。化学教学中的化学语言主要是口头语言和书面语言两种。口头语言要清晰、准确、严谨、规范、有感染力、通俗易懂及便于理解。化学书面语言就是指用文字表述化学知识的语言。在教学中常使用的书面语言，除教科书外，主要是板书、板画、板演和图表等。化学书面语言应图文并茂、交互性强且启发性好。

(四)富有变化的教学活动

化学教学活动富有变化。教师可综合运用教学方法体系的技能技巧。化学课堂中，教师可以采用系统讲授法，可以采用以生活、社会或化学史材料为主题的故事法，还可以开展探究实验及小组合作学习等学习方法。多样的化学方法如同魔法棒，能够创设出富有变化的教学活动，体现化学学科的特点和化学教学活动的独特性。如同《教学之艺术》开篇中提出的：这是一本有关教学方法的书。只有在教学方法的辅助下，才能不断地完善、提升和创新教学艺术。

三、化学教学是科学与艺术的结合

广大化学教师在长期深入的教学实践中普遍体会到教学活动不仅是一门科学，也是一门艺术。科学和艺术在思维方式上是相互联系的：科学用逻辑思维方式把握世界，揭示事物的内在联系和必然性；艺术用审美思维方式把握世界，揭示事物的内涵，表述人的情感体验。教学既需要逻辑思维，又需要审美思维。教学艺术更多地发挥出审美思维的特点。从同课异构教学活动中，我们不难发现每一堂课都展现出了不同教师的审美体验与审美追求。

此外，即便在同课同构教学活动中，两位化学教师同教一堂课，共同备课，确定共同的教学目标、重点和难点，采用相同的教学方法，甚至请 A 教师先讲，B 教师跟着学，然后再由 B 教师模仿 A 教师课堂开展化学教学活动，两人教学的效果仍然差异较大。说得再具体和形象一点，对于同样一句话，A 教师会用合适的节奏、语调、眼神、手势与学生交流，让学生很轻松地理解化学知识。B 教师一字不差地复述，缺乏感情与有效沟通，则会造成学生茫然不知所云。显而易见，两者的区别并不是教学内容、概念和语言本身。也就是说，两者不同的效果虽与教学内容、概念、语言、肢体有关，更为关键的是内容、概念和语言之外的，赋予教学以心灵相通的体验，即教师审美思维的差异和审美表达的差异[12]。

第二节　研究化学教学艺术的意义

化学教师的教学艺术对于化学教学而言具有重要的意义。提升教学艺术素养，有利于教师实现以下转变。

一、更合理地使用与开发教材

化学教学艺术的体现，很重要的一个方面就是教师对教材的开发与重构。主要体现在：对教学内容的深入理解，与学生的学习经验巧妙链接，将化学学科中的新成果吸收到教材中来，使教材反映现代科学技术的新成就；融入教育理念和教育理论，提高理论水平；优化化学学科知识结构，使学生便于学习，掌握本学科的基本框架；开发各种类型的校本课程，以拓宽学生的知识面，建立合理的知识结构；增加化学教材的可读性，增加化学史和化学小实验，提高学生学习化学的兴趣。

二、更全面地看待教师角色

现代教育理论认为，作为化学教师，不应只满足于能教好课，而应该具有较高的教育理论修养。化学教师除了具备化学专业知识，还应该阅读教育理论方面的书籍或其他文献资料。教师应结合化学教学中发生的故事和存在的问题开展教育研究，撰写科研论文。这样一来，化学教师不是单纯地进行知识的传授，一厢情愿地开展化学教学设计，而是像心理学家那样探索学生心灵的奥秘，捕捉学生内心的感受，创设出具有化学之美的教学设计，进而真正地走进学生的内心世界，让学生在化学课堂上感受化学知识之美、化学方法之美和化学创造之美。

三、更科学地看待学生的发展

社会发展对人才的要求是多层次和多方面的，学生智能发展也是多方面的。课堂上，教师会面对循规蹈矩的学生，也会面对常问"为什么"的学生。在化学探究实验的过程中，教师会发现有的学生按照教师思路做实验，有的学生却喜欢创新，做出不同的尝试；有的学生对化学知识简单记忆，有的学生对某个化学问题刨根问底。面对不同类型的学生，教师需要创建民主、开放的学习环境，让善于思考的学生主动思考，勇于创新的学生大胆创新，只有这样我们的课堂才能迸发出艺术的火花。

第三节 化学教学艺术的研究方法

化学教学艺术对于化学教师而言十分重要，既能够帮助化学教师提升教学质量，又能够使师生获得愉悦的情感体验。要想领悟化学教学艺术，教师需要花费精力，并运用多种方法深入研究化学课堂教学。对化学教学艺术的研究，可采用如下研究方法。

一、反思法

化学教学艺术的创造者需要对自己的教学艺术实践进行反思、回忆，把教学的过程和结果表述出来，即把化学教学艺术的特殊性展现出来，从而与其他教师交流，引发思考并不断完善。这种反思法对于研究化学教学艺术中的灵感、机智、美感、魅力等具有特殊的作用。反思有多种方式：

（一）反思教学设计之变化。教师在备课时，浏览关于优秀化学教师对教材内容的安排方法、具体做法方面的材料，分析自己驾驭教材的水平和运用先进的教学方法的能力。在吸收借鉴的基础上，结合本人的实际设计教学方案，然后对比新旧教案，看自己是否有进步。

（二）反思教学过程之美感。钻研美的理论，掌握美的原理。了解学生的审美心理，善于从教材中感受化学之美、提炼化学之美，把抽象的化学知识变成形象生动的教学素材；认真磨炼教学语言，注意仪态，塑造优美动人的讲台形象；教会学生审美，提高学生在化学学习过程中的审美敏感性。

二、观察法

研究者针对研究目的，对化学教师教学艺术进行有目的、有计划、系统的感知。课堂观察根据观察者是否参与教学活动，分为参与观察和非参与观察两类。参与观察指的是观察者与被观察者一同参与到化学教学活动中，从教学活动内部进行观察。非参与观察指的是观察者不介入被观察者的化学教学活动，只是通过旁观、访谈等方式了解活动情况。观察时除了有目的的记录，还可以采用录像、录音等方式收集教学艺术的资料[9]。

三、扎根理论法

扎根理论法包括：让化学教师不断进步，深入研究化学教学过程；促使化学教师收集、管理和排列教学数据，并运用一系列准则分析这些数据，从而建构理论[13]。即教师通过记录教学活动，总结教学经验，分析典型教学事件，并进行概括、提升，使之上升为理论的方法。教学经验是教学艺术成长的沃土，扎根理论法是研究化学教学艺术的基本方法之一。

四、实验法

化学教学艺术也可以进行实验研究。根据化学教师总结出的教学艺术技巧、方法等，开展实验研究，验证其有效性、可推广性。从化学教学艺术研究的发展来看，实验法逐渐成为重要的研究方法之一。

参 考 文 献

[1] 王升. 化学教学艺术掌握研究之我见[J]. 教育理论与实践，1997（3）：47-50.
[2] 张伟燧，周文和.《学记》教学艺术思想探微[J]. 教育评论，2002(5)：85-87.
[3] 刘庆昌. 对教学艺术的认识历程[J]. 教育科学研究，2008(2)：3-5.
[4] 钟以俊. 简论现代教学艺术[J]. 教育理论与实践，1987(2)：9-12.
[5] 吴也显. 教学论新编[M]. 北京：教育科学出版社，1991.
[6] 王坦. 谈教学方法和教学艺术[J]. 教育探索，1994(1)：34-38.
[7] 王升. 教学艺术的特点及掌握之策略[J]. 上海教育科研，1996(4)：40-41.
[8] 刘庆昌. 教学艺术研究批判[J]. 教育理论与实践，2004(1)：50-52.
[9] 李如密. 教学艺术论 [M]. 北京：人民教育出版社，2011.
[10] 钱加清. 语文教学艺术风格探析[J]. 教育探索，2000(8)：54-55.
[11] 张国良. 浅谈化学教学艺术[J]. 中学化学教学参考，2000(5)：29-31.
[12] 吕渭源. 教学模式·教学个性·教学艺术[J]. 中国教育学刊，2000(1)：29-32.
[13] 凯西·卡麦兹. 建构扎根理论：质性研究实践指南[M]. 边国英，译. 重庆：重庆大学出版社，2017.

第二章　化学教学导课的艺术

> 化学教学导课，可以说是一门艺术。一部好的电影，必定有一段精彩的序幕；一堂精彩的化学课，也需要有恰到好处的导课。好的导课如同大锤，直接敲打在学生的心坎上，给予学生强烈的震撼和共鸣；如同磁铁，牢牢地吸引学生的注意力，让他们迅速融入课堂教学活动中；如同轻柔而迷人的夜曲，能在极短的时间内安定学生的心神，帮助学生静下心来学习本节课教学内容。可见导课的作用很多，最常见的作用是使学生迅速了解本节课要讲哪些内容、达到哪些教学目标、有哪些具体要求，让学生带着目的听课，教学内容便有的放矢，教学效果也会相应地提高。
>
> 我们都有体会，相同的教学内容，在不同的教师讲授时，教学效果相差很大。究其原因是多方面的，但每堂成功的课都具有一个共同的特点：有一段精彩的"导课"。他们的导课能深深地吸引每个学生，让学生感到一种科学和美的享受。著名教育家叶圣陶认为"教师不仅要教，而且要导"。好的导入不但能充分调动学生的学习积极性和主动性，而且还能提高教师的自信心和幸福感[1]。

第一节　化学教学导课艺术的特点

化学课堂中的导课环节，是整个课堂教学的有机组成部分，其重要意义不容忽视。正如著名特级教师于漪所言：在课堂教学中要培养和激发学生的兴趣，首先应抓住导入新课的环节，一开始就把学生牢牢地吸引住。化学教学导课拉开了新课的教学帷幕，预示了该节化学课的高潮和结局。它联系着新知和旧知，引导着学生的思维方向，让学生更快地融入整节课的教学活动中，并激发学生的学习兴趣。因而，教师精心设计的导课环节可以起到先声夺人的效果[2]。

一、简洁明了

新课导入要体现简洁性，即用最少的话语、最短的时间，巧妙发出信息，组织教学，缩短师生间的距离以及学生与教材间的距离，给学生比较强烈的刺激，将学生的注意力集中到听课上来，进而使学生较迅速地进入学习准备状态。例如，教师根据即将学习的化学知识，提出一个新奇的化学问题或者展示醒目的图片、化学模型，或播放化学视频，或演示有趣的化学实验，或讲述一段相关的化学史料、故事等，都能够吸引学生的注意力，使得他们迅速关注本节课的学习内容。

二、有针对性

针对性指的是导课设计要针对化学教学核心内容，充分考虑导课环节与本节课所学内容的联系，不能游离于教学内容之外，成为化学教学活动的多余部分或累赘。导课情景或活动设计要符合学生的年龄特点、心理状态、能力基础、兴趣爱好等。

三、启迪思维

积极的思维活动有利于学生探求新知识或新内容。好的导课应给学生留下适当的想象空间，让学生能由此及彼、由因到果、由表及里、由个别到一般、由具体到抽象，深入地探究化学知识，从而收到"一石激起千层浪"的效果。导课启迪思维功能的发挥取决于是否真正调动了学生化学学习的积极性，即达到"不愤不启，不悱不发"的状态。

四、生动有趣

巴班斯基认为一堂课之所以必须有趣味性，并非只是为了引起笑声或耗费精力[3]。趣味性应该使学生积极地参与到化学课堂教学活动中，并主动掌握所学知识。生动有趣的化学教学导课能有效地激发学生的学习兴趣，调剂化学课堂的节奏和氛围。这种生动有趣，除了激发学习兴趣，还能有效激发思维，让学生自然地进入课堂学习之中。

第二节　化学教学导课的原则

教师精心设计的导课能最大限度地发挥学生学习化学的主动性。设计导课时，化学教师应目的明确，帮助学生初步认识到这节化学课"将要学什么""如何学""有何用途"等。导课应与新课的内容紧密相连，体现整体性、冲突性、适度性、互动性和趣味性原则，从而吸引学生的注意力和想象力，并促使学生尽快地参与到探究活动中[4]。

一、整体性原则

化学导课要做到抓住旧知识与新知识之间、生活经验与新知识之间的联系，促使新旧知识之间的有效衔接，以点带面，从局部辐射到整体，帮助学生形成化学知识的网络结构。有效的导入不仅能够促进化学知识的横向链接，还有利于化学知识的纵深发展，有利于学生系统、全面地掌握化学知识[5]。

二、冲突性原则

学起于思，思源于疑。疑是思维的"导火索"，矛盾冲突能够引发疑问。疑问使学生产生积极的求知欲。若疑问得以解决，学生会受到鼓舞，体味成功的欢乐，并增添解决问题的自信心，从而对新的问题产生新的兴趣[6]。通过导入活动，设置矛盾情景，使学生产生进一步学习的兴趣，激发他们认真思考，仔细探究，全身心参与到课堂学习活动中，从而提升化学教学效率。

三、适度性原则

导课设计应适度，给予学生正确的引导，避免故弄玄虚、低俗趣味、过于深奥或过于粗浅，要使学生在教师的导课中对本节课的内容产生兴趣。为了提升课堂效率，教师导课时间不能太长，以免影响核心知识和重点内容的教学与学习。

四、互动性原则

导课不是化学教师唱独角戏，需要学生的关注与参与。只有师生之间发生了有效互动，才能发挥出导课的作用。在教室中师生之间积极呼应，并形成和谐融洽的氛围，有利于学生全身心地投入到化学教学活动中[7]。

五、趣味性原则

新颖、生动、有趣、奇特或者密切联系生活实际的导入情境能够吸引学生的注意力，引发学生的认知冲突，使学生产生强烈的学习动机，同时对教材内容有所了解和获得一定程度的感情共鸣，有利于学生深入学习化学教学内容[7]。

第三节　化学教学导课的基本形式

俗话说"良好的开始是成功的一半"。导课时间虽然比较短，但对教学效果有十分重大的意义。教无定法，教学导课是一门艺术。教师在导入新课时应该根据不同的新课内容采用不同的方法，切不可为了追求形式而离题万里。化学教学导课艺术的基本形式有很多，下面介绍比较常用的几种。

一、温故知新导课

孔子曾提出复习的作用，"温故而知新，可以为师矣"。奥苏贝尔也提出在新旧知识间建立联系对学习具有重要的意义。他认为：有意义的学习之根本要素，是新知识与学习者原有知识建立一种合理和本质的联系[8]。可见，教师通过复习旧知识，让学生获得新知识的体验，并利用新旧知识的联系，促使学生主动思考，深入理解所学知识。温故知新导课可以通过习题、提问等方法，寻找新旧知识的连接，引导学生学习新知识。具体操作方法：首先，课前找到新旧知识之间的联系；其次，引导学生复习旧知识；最后，通过复习，自然引申到与新知识相关的结合点，引导学生进入新知识的学习[9]。温故知新是最常见的化学教学导入方式之一，其特点是复习已学过或已了解的知识，进而引出新的教学内容。这样的导课不仅可以帮助学生巩固已学的化学知识，而且易于激发学生探求新知的欲望。

案例 2-1　实验方法相关的导课

南宫中学的刘老师在讲授人教版高中《化学 4(选修)》第三章"化学反应原理"第二节"溶液的酸碱性与 pH"这一节课时，采用了温故知新的导课形式，具体内容如下：

教师：我们可以通过哪些实验方法或仪器测量溶液的酸碱性呢？

学生：酸碱指示剂，pH 试纸，pH 计。

教师：我们要测定几种饮料(可乐、橙汁、矿物质水、苏打水)的酸碱性，以上几种方法都可行吗？

学生：酸碱指示剂和 pH 试纸不行，饮料的颜色会影响结果的观察。

教师：今天我给大家准备的是这种简单的笔式 pH 计，使用时首先取下 pH 计保护套，打开开关，将电极浸到液面以下，待示数稳定后，读数、记录。用后清洗电极，滤纸轻轻吸干蒸馏水，套上电极保护套。下面就让我们用它测量这几种饮料的 pH，将实验结果记录到学案的表格中。

设计意图：提出问题，让学生回忆初中所学溶液酸碱性及测量方法的相关知识；设计矛盾冲突，让学生积极思考解决问题的方法，并结合所学内容，选择出用于测量几种饮料的科学方法，为后续学习提供铺垫。

案例 2-2　基本知识相关的导课

南宫中学韩老师在讲解人教版高中《化学 1（必修）》第二章第一节第二课时"分散系及其分类"时的导课设计如下：

教师：上节课我们学习了基本分类方法，这是我们上节课研究物质分类的结果。

展示图片（如图 2-1 所示）。

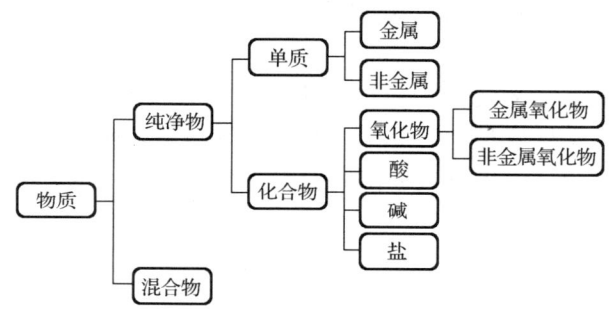

图 2-1　物质的分类

教师：如果这是一棵茁壮生长的大树，是不是感觉纯净物的一枝枝繁叶茂，而混合物的一枝则有些单薄呢？在真实的物质世界中，大部分物质都以混合物的形式存在，所以研究混合物的性质很有必要。研究哪些混合物呢？如果只是像彩色粉笔这样放在一起，没有相互影响，很容易分开，那么没有研究的价值。我们要研究的是那些混合均匀、有相互影响，与原来的纯净物不一样的混合体系。

设计意图：复习上节内容，点出本节课主题——混合物的分类，并指出研究混合物分类的重要性，让学生明白本节课的重点和价值。

二、创设情境导课

苏霍姆林斯基曾经说过："任何一种教育现象，孩子们越少感到教育者的意图，它的教学效果就越好，我们把这个规律看成是教育技巧的核心。"创设情境导课就是一种比较好的方法。"感人心者，莫先于情。"学生情感的触发往往与一定的情境有关。所谓创设情境，就是在教学中，教师利用语言、音乐、绘画、实验、电化教学等手段，创设生动活泼的情境，使学生为之所动、为之所感，产生共鸣，为新课的开展创造良好的条件[10]。化学教师创设的情境要力求生动、新颖、富有趣味性。

案例 2-3　利用自然景观创设情境导课

南宫中学的韩老师针对人教版高中《化学 1(必修)》第四章第三节"硫和氮的氧化物",创设情境如下:

教师:播放"洛阳龙门石窟被酸雨侵蚀"的新闻视频。

提问:从视频中,大家发现了什么问题?

学生:观看视频,思考,回答"燃煤产生 SO_2,加重酸雨"。

设计意图:洛阳龙门石窟被酸雨侵蚀的视频情景,能够让学生深切地感受到酸雨造成的危害,并在情感上产生共鸣,即防止酸雨的形成很重要,自然就想研究一下酸雨是如何形成的,进而激发学生的兴趣和求知欲,促使学生参与到与 SO_2 性质相关的一系列学习活动中。

案例 2-4　利用生活常识创设情境导课[11]

楚水实验学校的宗老师在人教版高中《化学 1(必修)》第四章第二节"富集在海水中的元素——氯"一课中,设计导课情境如下:

教师:清晨,当打开水龙头接水刷牙的时候,你会闻到什么气味?

学生:刺激性气味。

教师再问:刺激性气味为何物?

学生答:余氯。

教师追问:部分溶于水的氯气与水还会发生反应吗?

设计意图:以近在学生身边的例子作为导课素材,使学生感受到化学来源于生活又服务于生活,从中体验到化学的真实性。这样的引入方式还能促使学生产生强烈的学习欲望,起到启发学生思维的作用。

案例 2-5　利用常用药品创设情境导课

南宫中学的韩老师在讲授人教版高中《化学 5(选修)》第三章第一节"醇酚"时,创设情境导课如下:

投影展示:苯酚软膏说明书

[药品名称]苯酚软膏

[别名]Phenol Ointment

[性状]黄色软膏,有苯酚特臭味。

[药物组成]每克含苯酚 0.02 克。

[药理作用]消毒防腐剂,其作用机制是使细菌的蛋白质发生变性。

[临床应用]用于皮肤轻度感染和瘙痒。

[用法用量]外用,1 日 2 次,涂患处。

[注意事项] 1. 对本品过敏者、6 个月以下婴儿禁用。

2. 避免接触眼睛和黏膜。

3. 用后拧紧瓶盖,当药品性状发生改变时禁止使用,尤其是色泽变红后。

[不良反应]偶见皮肤刺激性。

[药物相互作用]1. 不能与碱性药物并用。

> 2. 如正在使用其他药品，使用本品前请咨询医师或药师。
>
> [贮藏] 密闭，在 30℃ 以下保存。

教师：仔细阅读苯酚软膏说明书，从中推测苯酚有哪些性质。

学生：有特殊臭味，使细菌蛋白质变性，易变质(变红)，能与碱发生反应(酸性)。

设计意图：利用生活中常用药品作为素材设计问题。学生通过阅读说明书，提取出关键信息，而这些信息与本节课将要学习的知识点相联系。这种导课，很容易引发学生对核心知识点的关注，有助于教师开展教学活动。学生在熟悉的导课情境中，产生进一步学习的动机；在研究苯酚性质的过程中，学生深刻地体会到化学来源于生活，化学知识可以有效解释和解决生活问题。

案例 2-6 利用工业生产创设情境导课

新沂市第一中学的许老师针对"煤的综合利用　苯"一课，设计情境导课如下：

教师展示：煤炭样品。

教师讲述：煤炭工人工作及煤矿区居民生活的故事。

教师提问：为什么人们要戴上口罩呢？与煤炭有关吗？有什么关系？

教师讲述：煤的直接燃烧提供的能量有力地推动了社会的进步，同时又对环境造成了负面的影响，人们有办法解决这种矛盾吗？

设计意图：通过观察煤炭样品，使学生对煤炭有了直观的认识，并感受到自然界的神奇。在听故事的过程中，学生了解到人们对煤的主要利用方式，认识到煤炭的直接燃烧对环境的影响。在这种情境下，学生会产生共鸣，关注环境的变化，并想要深入探究一下煤的直接燃烧对环境造成哪些影响及解决办法等。

三、利用实验导课

利用实验导课是指学生通过观察教师的演示实验或者自己探究实验，运用归纳、分析、综合和抽象等方法得出结论，并从实验现象或实验结论中提出问题的导课方式[10]。实验导课是最带有化学学科知识特点的导课方式。好的实验导课能够提高化学教学效率。教师开展实验导课时，应注意以下三点：实验要紧扣新知识；实验要富有趣味性、启发性；实验要简单易做，现象明显。

案例 2-7 "演示实验"导课设计[12]

徐州市第三十六中学的张老师，以苏教版高中《化学 1(必修)》"氮氧化物的产生及转化"为例设计情境如下：

演示实验：利用数字实验设备，在高压电弧条件下，模拟空气中有闪电时的反应。

教师：你们观察到放电时三颈烧瓶内有什么变化？

学生 1：三颈烧瓶内空气颜色发生了变化，变成棕色。

学生 2：三颈烧瓶内空气变成黄色。

学生 3：三颈烧瓶内空气变成红棕色。

教师：将三颈烧瓶内生成的气体与在课前收集到的红棕色 NO_2 气体进行对比。请大家推测，在高压放电条件下，空气中发生了反应，产物是什么？

学生：在高压放电条件下，空气中发生了反应，产物中有氮氧化物。

教师：N_2与O_2在放电条件下是直接生成NO，还是生成NO_2？

教师演示：向容器中置入气体压强传感器和氧气浓度传感器，通过数字化设备监控容器内气体的压强和氧气浓度的变化，发现断电后容器内的压强和氧气浓度在持续减小。

教师：说明N_2与O_2在放电条件下生成NO。容器中出现的红棕色气体是NO与O_2后续反应生成的NO_2。

设计意图：演示实验能够直观地模拟空气中有闪电时发生的反应，使学生深切地感受到高压放电下氮氧化物的生成过程，自然进入到本节课重点内容的学习。

案例2-8 "学生分组实验"导课设计[13]

徐州市第十三中学的马老师，以初中化学"实验室制取二氧化碳"为例设计导课如下：

教师：比较、分析初中化学中能生成CO_2的化学反应，思考实验室中制取CO_2应选择哪种碳酸盐和哪种酸溶液。选择的标准是什么？

学生：实验室制取CO_2常用石灰石（或大理石）或碳酸钠、稀盐酸或稀硫酸。

讨论：选择的标准是原料易得，价格尽量低廉，反应速度适中等。

可采用图2-2所示的实验。

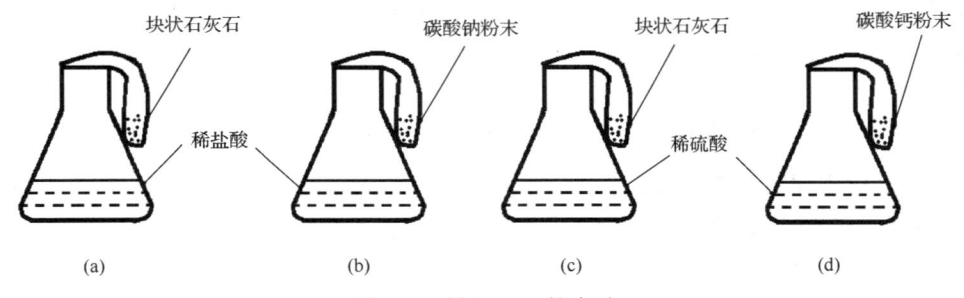

图2-2 制取CO_2的实验

学生实验内容：

(1) 取100 mL的锥形瓶4个，在a，b锥形瓶里分别倒入20 mL体积分数为20%的稀盐酸，在c、d锥形瓶里分别倒入20 mL体积分数为20%的稀硫酸。

(2) 再取4个小气球，在其中的2个小气球中均装入约20 g的块状石灰石，然后把气球分别套在a、c锥形瓶的瓶口上；在另外2个小气球中，1个装入约10 g的Na_2CO_3（或K_2CO_3）粉末，1个装入约10 g的$CaCO_3$粉末，然后将其分别套在b、d锥形瓶的瓶口上。

(3) 稍微倾斜锥形瓶，然后同时将各个气球中的固体小心地倒入酸中（或分别倾倒各气球中的固体，实验现象通过录像记录），可以发现：b瓶口上的气球很快胀大，a、d瓶口上的气球缓慢胀大，c瓶口上的气球很缓慢地胀了少许后就停止不胀了。

设计意图：运用之前所学的知识，通过讨论设计出简单、可操作的实验仪器，能够提高分组实验的效率。提出的问题有利于学生观察、思考，获得关于实验室制取二氧化碳的相关知识。

案例2-9 "探究实验"导课设计[14]

徐州市第十三中学的马老师，针对初中化学"乙醇的性质和用途"一课，设计导课如下：

教师演示：用浸有乙醇的棉团轻轻擦拭衣服上的圆珠笔油渍。

教师：用水和洗衣粉都洗不掉的圆珠笔油渍，用乙醇就很容易除去，这是为什么呢？上述方法利用了乙醇哪些物理性质？设计并完成如下实验，你就能解开其中的奥秘。

学生设计并完成实验1：观察乙醇的颜色、状态、气味；探究乙醇的挥发性。

主要操作：分别将2支温度计的玻璃泡同时在水、乙醇中蘸一下，然后把温度计并排放在一起观察其读数的变化。

学生：蘸有乙醇的温度计读数比蘸有水的温度计读数下降得快。

学生设计并完成实验2：探究乙醇的溶解性。

主要操作：在乙醇中加适量的水(或在水中加入适量的乙醇)，并搅拌，观察乙醇溶液的变化。

设计意图：利用简单的学生实验激发学习兴趣，及时提出问题引发学生思考，指导学生设计实验并得出结论，既能提升学生的问题意识，又能提升学生的实验设计能力、观察能力和分析能力，顺利引导学生进入乙醇性质的学习活动。

四、历史材料导课

根据化学教材的特点和学生的特点，选择与本课内容相关的化学史中的素材来设计导课。化学史料能使化学课变得生动有趣。历史故事或事件能够将学生带入到化学知识发现、发展的特殊情景中，引发学生的共鸣，收到寓教于乐之效。这种导入形式不仅可以培养学生的思维能力，还能激发学生化学学习与研究的兴趣。

案例2-10　用历史事件设计导课[15]

丹阳高级中学的刘老师在讲解"苯"一课时，设计导课如下：

教师：19世纪初，由于冶金工业的发展，需要大量焦炭，而生产焦炭时会产生副产物煤焦油。当时，煤焦油被当作废物丢弃，污染环境，造成公害。英国化学家法拉第历尽艰辛从煤焦油中提纯出一种化合物——苯。这节课我们就沿着化学家的足迹去探索苯的奥秘。

学生：观看文字、思考。

设计意图：结合化学史中的相关事件，设计情境引发学生阅读思考，激发学生学习苯的兴趣。

案例2-11　用科学家的故事设计导课

河北南宫中学刘老师以"侯氏制碱法"为例，设计导课如下：

教师：提起侯德榜及其制碱法，同学们都很熟悉，但要问侯德榜出身、籍贯、求学经历你们了解吗？侯氏制碱法的原理流程你们知道吗？这种制碱法为什么又叫"联合"制碱法你们明白吗？他对中国甚至世界产生的深远影响你们理解吗？

播放：侯德榜的求学经历的微视频。

学生：观看文字、思考。

设计意图：通过这几个问题的提出，让学生认识到这节课的必要性，也明白了这节课的学习目的。观看视频，学生被侯德榜的求学精神和爱国情怀所感动，进而产生认真学习的动机。

案例 2-12　用化学概念的发展历史设计导课

河北南宫中学的韩老师以"胶体"为例设计导课如下：

教师：1861 年，英国化学家格雷姆最早提出"胶体"这一名词，以此来描述一些难以扩散和难通过羊皮纸半透膜的胶黏物质，如蛋白质、明胶等，并将这类物质与晶体对立区分。此后很长一段时间里，人们一直这样认为，直到 1905 年俄国化学家维伊曼对 200 多种化合物进行实验，结果证明任何典型晶体都可以通过改换溶剂或降低其溶解度的方法而制成胶体，这才认识到，胶体不是一类特殊的物质，而是一类分散系，它的独特性质是物质的聚集状态所表现出的性质。胶体的本质在于分散质粒子的特殊尺寸，其字面意思早已过时。

学习任务：尝试制备 NaCl 溶胶。

已知：常温下，NaCl 在水中的溶解度为 36 g，在乙醇中的溶解度为 0.1 g。

试剂：饱和 NaCl 溶液、无水乙醇。

结论：由于乙醇降低了 NaCl 的溶解度，使水溶液中的 NaCl 聚集为较大粒子，到胶粒范围时可得到胶体，混合过多或过快，NaCl 聚集为更大粒子，就得到了浊液。

设计意图：通过讲述胶体概念的发展历史，让学生体会到科学研究的产物处在不断变化和成熟的过程中，有时甚至是几代科学家锲而不舍、长期研究的结果。同时加深对"胶体"这一核心概念的理解。教师顺势提出实验探究任务，让学生体会分与合的思想，理解溶液、胶体、浊液不是一成不变的，是可以相互转化的。

五、故事导课

设计新鲜、有趣或充满悬念的故事，既避免平铺直叙，使化学课变得生动有趣，又能吸引学生的注意力，促使学生全身心地投入到神奇而曲折的故事情节中去，开始一节课的探索与思考，启迪学生的心智，培养学生丰富的想象力和欣赏力。

案例 2-13　童话故事导课[1]

以"卤素"为例：

教师：讲述关于"卤素"的童话故事。在一个姓"卤"名"素"的家庭中有兄弟 5 人，老大叫"氟"，老二叫"氯"，老三叫"溴"，老四叫"碘"，老五叫"砹"。五兄弟长得非常相像，都"性格活泼"，又喜欢贪"小便宜"（得电子）。但是他们的性格不尽相同，老大脾气暴躁，老二是个急性子，老三性情温和，老四和老五是慢性子。因为老大脾气暴，谁也不敢惹他，我们今天先不提它，从老二讲起。

设计意图：通过一个简短自编的童话故事，引发学生的兴趣，为接下来的新课学习起到穿针引线的作用。

六、谜语导课

教师寓"谜语"于导课中，不仅可丰富化学教学内容，而且还能增强化学课堂的知识性、趣味性等。"谜语"使得学生学习兴趣浓厚，教学效果颇为显著。

案例 2-14 "苯"的字谜导课

丹阳高级中学的刘老师以高中《化学 1(必修)》"苯的结构与性质"为例,设计导课如下:

教师:我们猜一则字谜,谜面为:"有人说我笨,其实并不笨;脱去竹笠换草帽,化工生产逞英豪",猜一字。

学生:苯。

教师:下面我们利用水槽中的仪器与药品,研究苯的物理性质(看一看、闻一闻、滴一滴)。

板书:一、苯的物理性质

学生实验 1:试管中滴入 3~5 滴苯,观察苯的颜色与状态。再向试管中加入少量的水,振荡后静置,观察现象。

设计意图:以猜字谜的方式导入新课,增加教学的趣味性,引发学生学习"苯"的兴趣,从而顺利地开展实验探究活动。

案例 2-15 "电镀"谜语导课[16]

以高中《化学 1(必修)》"电镀"为例:

教师:同学们,这节课先请大家猜个谜,看谁猜得最准、最快。"通电洗澡,穿上外套,金光闪烁,合身牢靠"。

学生:电镀。

教师:猜对了。电镀就是利用电解的方法,在某些金属表面镀上一薄层其他金属或合金的过程。本节课,我们就来学习电镀的有关知识。

设计意图:导语虽短,但激起了学生学习"电镀"的兴趣,通过引入形象、逼真、富有趣味的谜语来进行新课导入,对学生尽快进入新课学习情境、活跃课堂气氛和促进教学大有裨益。

七、魔术导课

化学魔术之所以能吸引学生的注意力,是因为其中常有违背常理或精彩的喜剧效果牵动着学生的心弦。以魔术作为导课,能够活跃课堂氛围,引发学生求知的热情。

案例 2-16 "吞吐鹌鹑蛋"魔术导课

徐州科技中学的徐老师针对初中化学"溶解现象"一课,设计魔术导课如下:

教师演示:取 5 药匙氢氧化钠固体,放在 100 mL 的小烧杯中,加 50 mL 的水,搅拌、溶解,将溶液倾倒在烧瓶底部,让学生仔细观察实验现象。可以看到,倾倒氢氧化钠溶液后,鹌鹑蛋会缓慢上升,并从瓶口"吐"出来(如图 2-3 所示),学生会发出惊呼声。教师让学生解释实验现象及原理。

再取 5 药匙硝酸铵固体,放在 100 mL 的小烧杯中,加 50 mL 的水,搅拌、溶解,将溶液倾倒在烧瓶底部,让学生仔细观察实验现象。倾倒硝酸铵溶液后,学生会发现鹌鹑蛋慢慢上升并进入烧瓶,被烧瓶"吞"进去(如图 2-4 所示)。同样让学生解释实验现象及原理。

图 2-3 鹌鹑蛋从瓶口"吐"出来的实验　　　图 2-4 鹌鹑蛋被烧瓶"吞"进去的实验

设计意图：该魔术实验更加形象化、趣味化，可视性更强，贴近学生生活，让学生更感兴趣；操作简单，现象明显，易于说明问题，让学生记得更牢。通过烧瓶"吞""吐"鹌鹑蛋魔术实验，增强实验趣味性，能激发和培养学生学习化学的兴趣。

八、歌曲导课

歌曲导课能够让学生感受到化学教学艺术之美。奔放的歌声，欢快的节奏能够渲染气氛，烘托意境，抒发热爱化学的情感，触动学生的心声，容易使学生产生情感上的共鸣，为教师讲授新课起到很好的烘托作用。

案例 2-17　"二氧化碳跟水反应的实验"歌曲情境导课[17]

以二氧化碳跟水反应的实验为例，老师设计导课如下：

教师：播放流行歌曲《两只蝴蝶》。

化学小品：四只浸过紫色石蕊的紫蝴蝶为躲雨分别飞入四只集气瓶中，其中有两只成了"落汤蝶"，雨停了，一只紫蝴蝶变为红蝴蝶。

提问：实验现象说明二氧化碳与水反应的产物具有什么性质？

设计意图：教师将流行歌曲与课本知识相结合设计导课情境，通过设疑、质疑、解疑激发学生的求知欲望，将学生的注意力吸引到二氧化碳性质的学习活动中，真正起到"寓教于歌"的作用。

九、短剧导课

在可观察得到的事物中很难找到教育的影子。正如加拿大教育家马克斯·范梅南所言：教育像爱和友谊一样，存在于这种情感的亲身体验中[18]。范梅南的观点也是对化学短剧的恰当诠释。根据教学内容的需要自编剧本或将化学教材中的素材改编成剧本，让学生课前准备，课上表演。这种导课方式，其内容贴近学生生活实际，形式风趣幽默。好的化学短剧，让演员和观众均感到亲切、自然、真实。学生通过表演或观赏演出均能强化知识，升华情感，启迪思维。这种导课方式既活跃了课堂气氛，又丰富了学生的学习生活，真可谓艺术在科学中，科学在艺术里[19]。

案例 2-18　"碳的氧化物"相声导课[20]

以"碳的氧化物"为例，化学相声"碳氏兄弟"表演实录如下。

旁白：话说碳氏家族两兄弟，失散多年后重逢。

第一幕：初次见面，兄不认弟

CO_2 在一次外出散步时遇到 CO。

CO_2：哦，请问你是谁？

CO：我是碳氏家族的成员，名叫一氧化碳。

CO_2：我也是碳氏家族的成员，名叫二氧化碳。

CO：哦，原来咱们是一家人，是兄弟。（做出握手的动作）

CO_2：兄弟，你有什么特殊本领？

CO：我有可燃性，能做燃料……

设计意图：教师以"碳氏兄弟"为主题，指导学生自编、自演化学相声，复习碳的氧化物相关知识。学生在表演相声的过程中进一步感悟化学知识，从而实现以趣促学的目的。

案例2-19 "孤独的氢离子"情景剧导课[21]

以"孤独的氢离子"为例，导课实录如下。

第一幕（氢离子和氯离子手拉着手走上讲台。）

氢离子：氯离子，你可真高呀？

氯离子：还好，我的手还没法触摸到天上的白云。

氢离子：唉，我太矮了！

氯离子：正好可以躲起来而不被人发觉。

氢离子：嗯，别看我长得矮，我的武功很高强。我的吸电子大法就无人能敌。

氯离子：嗯，氢老弟可是威名远扬啊。你瞧，那边是谁来了？

……

设计意图：该情景剧的教育主题是"团结友爱"。本剧通过氢离子的经历，不仅引导学生关注氢离子、氯离子等的相关性质，还告诫学生要善待我们生命中相遇的所有人。这样的导课既满足了学生的学习需求，又对学生进行了思想品德教育。

第四节 化学教师如何开展导课设计

苏霍姆林斯基说过：在每一个孩子心中最隐秘的一角，都有一根独特的琴弦，拨动它就会发出特有的音响。要使孩子的心同教师讲的话产生共鸣，教师就需要对准孩子心弦的音调。作为化学教师，如何对准学生心弦的音调呢？毫无疑问，需要进行深入的研究、实践、交流与反思。

一、精心选择与组织素材

任何一堂化学教学课都有其目的、意义、规则和要求等。精心选择与组织的化学教学导课素材，将对学生学习产生积极的影响。导课素材的选择需要考虑以下几点：其一，导课素材符合化学学科核心素养的理念；其二，导课素材凸显化学学科特征；其三，导课内容与活动主题一致。不断打磨的导课素材能提升导课功能，有利于学生参与到化学学习活动中。

二、导课形式符合教学风格

教师根据自己的课堂教学风格、教育教学的惯性、思维习惯，选择适合自己的导课形式，只有这样，才能将自己的优势有机地融合在导课中，提高课堂教学效果。教师对导课进行深入研究，研究不同类型的导课素材、导课形式，以及师生互动所起到的不同的效果。不断创新导课内容与形式，充分体现导课艺术的创造性。

三、注重学生的情感体验

史密斯等人指出：态度学习包含了三种成分，即认知、行为和情感。其中行为是情感的外显。在化学学习过程中，学生的情感体验决定了其对化学知识的态度和自己的学习行为。因此，教师导课应注重学生的情感体验，将情感体验融入到化学学习活动中，让学生认识到化学科学对人类社会发展所起到的积极作用，促使学生形成正确的科学态度，提升学习兴趣，并改善学习过程。化学导课既要重视用情境包装知识，也应该重视用知识包装情境。通过导课，教师创设出矛盾冲突情境，引导学生对新知识产生兴趣。在导课过程中，教师应充分运用自己的智慧，观察学生的情感倾向，并加以引导，使学生获得积极的情感体验，从而提升化学学习兴趣[22]。

参 考 文 献

[1] 陈筱勇. 浅谈中学化学教学中导课语的设计[J]. 化学教学，2005(10)：14-17.

[2] 李如密. 试论课堂教学中的导入新课[J]. 课程.教材.教法，1993(01)：40-42.

[3] 李如密. 教学艺术论[M]. 北京：人民教育出版社，2011.

[4] 胡名名. 英语导课艺术例谈[J]. 教学与管理，2001(24)：47-48.

[5] 赵培龙. 化学课堂导入的教学实践与反思[J]. 中学化学教学参考，2011(4)：23-24.

[6] 蒋兴英，林清瑞. 导课艺术例谈[J]. 当代教育科学，1997(3)：55-56.

[7] 刘玉荣，王后雄. 化学导课设计中情意目标达成的案例分析[J]. 化学教育，2013，34(8)：20-22.

[8] 邓涛. 名师高效课堂的引导艺术[M]. 重庆：西南师范大学出版社，2014.

[9] 王后雄. 新理念化学教学技能训练[M]. 北京：北京大学出版社，2014.

[10] 杨承印. 化学教学设计与技能实践[M]. 北京：科学出版社，2007.

[11] 宗汉，高兴邦. "新制氯水的成分探究"教学分析与思考[J]. 化学教育，2012(1)：23-24.

[12] 张兴涛，王澍，王保强. 基于中学生决策能力培养的化学教学策略研究——以"氮氧化物的产生及转化"为例[J]. 化学教与学，2018(9)：19-22.

[13] 马逸群. 实验室制取二氧化碳3个问题的研究[J]. 实验教学与仪器，2010(1)：32-33.

[14] 马逸群. "乙醇的性质和用途"探究式教学设计[J]. 中小学教学研究，2009(1)：45-46.

[15] 刘其凯. "苯"的教学设计[J]. 化学教学 2008(3)：35-37.

[16] 黄宝圣. 化学教学中的导课艺术[J]. 教育探索，2000(12)：53-54.

[17] 刘振中. 借助流行文化素材激活化学课堂教学[J]. 甘肃教育，2016(3)：110.

[18] 马克斯·范梅南. 教学机智–教育智慧的意蕴[M]. 李树英, 译. 北京: 教育科学出版社, 2014.

[19] 张红英. 导课有法无定法[J]. 思想政治课教学, 2006(10): 28.

[20] 温利广. 表演相声 趣学化学——指导学生表演化学相声"碳氏兄弟"复习"碳的氧化物"的实录与反思[J]. 化学教与学, 2015(9): 38-40.

[21] 梁雪峰, 陈冬. 关于化学情景剧的创作思路和策略浅探[J]. 化学教与学, 2015(7): 17-19.

[22] 李晓, 王后雄, 毛齐明. 重视主体体验落实情感态度与价值观目标–以"富集在海水中的元素–氯"的导课为例[J]. 化学教育, 2012(7): 21-22.

第三章　化学教学课堂提问的艺术

> 化学课堂提问既是师生交流的重要手段之一，也是与化学教学效果和课堂积极性紧密联系的重要问题，它直接反映了学生对化学教学内容理解的程度和对化学学习材料理解的深度[1]。对化学教学提问艺术的全面认识，有助于教师富有成效地运用提问手段，促使学生思考，评价教学效果及推动学生完成预期的化学教学目标。

第一节　化学教学的提问主体

爱因斯坦曾说过："提出一个问题往往比解决一个问题更重要，因为解决一个问题也许仅仅是一个数学上的或是实验上的技能而已，而提出新的问题，新的可能性，从新的角度去看旧的问题，却需要有创造性的想象力。"[2]爱因斯坦言简意赅地指明了问题对于化学教学的重要意义和价值。著名哲学家波普尔也指出："科学与知识的增长永远始于问题，终于问题。"[3]科学思维永远是由问题或提出问题开始的，化学教学提问是学生思维发展的重要环节。

一、教师作为提问主体

在化学课堂上，教师经常通过有效的提问，引发学生思考。在提问教学的过程中，教师应具有应变的机智。有效的课堂教学离不开提问，好的提问则更能有效地促进化学教学。作为提问的主体，教师应做到以下几点：

(一)设计难度适宜的问题

正如陶行知先生所言："智者问得巧，愚者问得笨。人力胜天工，只在每事问。"作为提问主体，教师如果能从整体出发，系统设计，针对课程的疑点或难点设计出有一定难度标准、内容新颖的问题，经常从问题的侧面或者反面寻找切入点进行提问，对提高学生的科学思维能力，改进学生思考问题的方式很有好处。苏联教育家马赫穆托夫提出：在运用问题教学法时，应当创设问题情景，由学生解决教师所提出的问题[4]。化学教学提问应能使学生的思维沿着不同的方向去扩展，全方位、多角度、深层次地思考化学问题[5]。

(二)选择合适的提问对象

课堂上教师提问的主体性还体现在选择合适的提问对象。教师针对不同难度的问题，选择不同类型的学生来解答。教师如果能够给予学生回答问题的机会和平等参与的权利，即"问题面前人人平等"，便能有效地调动学生学习化学的积极性，使他们善于思考，乐于分享。

(三)留下恰当的思考时间

作为提问主体，化学教师在提出问题之后，应给学生留有一定的思考时间。通常教师会留给学生3~5秒或更长的时间,时间的长短视问题的难度而定。这样可以充分地激发学生学习的主动性。

(四)把握有效的提问时机

教师对提问时机的选择要细心。过早提问,学生对化学问题缺乏足够的认识和相关的知识准备,导致启而不发;过迟提问,学生已经能够自行解决化学问题,再提问则味同嚼蜡,难以提起兴致。可见,恰到好处地把握提问时机,能够提升化学教学效率。

(五)合理安排提问顺序

提问顺序是指化学问题应按学生认知发展顺序排列,促进学生解释、检验,鼓励学生重新思考之前的问题。这样一来,学生能够积极参与到问题的讨论活动中,相互分享他们已经掌握的知识和正在学习的内容,从而加深对核心概念的理解和应用。正如Duckworth所教导的:在邂逅化学概念时,其内涵不是教师灌输给学生的,而是由学生赋予的——是由学生按照自己的方式,根据他们组织理解的一般形式来建构的[6]。

(六)及时评价学生的解答

提问后应关注对学生解答的评价。对于教师的问题,学生经过思考、讨论会给出自己的看法。这时,教师不仅要对学生是否正确地回答出了问题进行评价,还要关注学生是否通过回答问题开拓思维,激发想象,进而产生与之相关的一系列新问题,这样才能体现教师提问的价值[7]。

总之,要想激发学生的智慧,教师应充分体现主体性。正如Wilen提出的教师有效提问9条建议[6]:

① 设计提示教学核心内容的关键问题;
② 问题的表述应清晰明确;
③ 提出的问题要符合学生的学习水平;
④ 提出的问题要有逻辑性、连续性;
⑤ 设计的问题要体现不同的难度水平;
⑥ 问题要紧追学生的反馈;
⑦ 学生回答问题时,要给其留充分的思考时间;
⑧ 采用能够调动学生参与积极性的问题;
⑨ 鼓励学生提问。

此外,教师还应善于倾听学生的回答,剖析学生的观点,并引导学生获得正确的答案。

二、学生作为提问主体

在化学课堂上,除了教师,学生也是提问主体。正如孔子所言:不愤不启,不悱不发,教师要善于创设氛围,把握时机,引导学生提出问题。也就是说,只有当学生在学习过程中遇到自己无法解决的问题或新旧知识产生冲突时,教师才给予有效启发。在孔子那里,疑问主要是学习的结果,问题都是由学生提出的。孔子不仅是世界上最早提出以学生为课堂提问主体的人,而且在激发学生的问题意识方面亦提出过"学思结合"、"疑思问"以及"循循善诱"等一系列主张。正如哲学家穆尔所言,有"一大堆问题"的学生才是他最好的学生。波兹曼等人则指出一旦学会了如何问问题,就学会了如何学习,也就造就了一种迥然不同、更富有潜力的理智,也是生存于这个飞速变化的信息时代的重要工具[4]。要想让学生成为课堂提问的真正主体,帮助学生形成问题意识,教师应做到以下几点[1]:

(一)鼓励学生提问

教师应让学生明白:提出一个问题比解决一个问题更重要,没有问题的学生本身就存在问题,说明缺乏独立思考的精神。化学课堂上,教师鼓励学生发问,促使学生深入思考化学知识,提升思维能力。

(二)关注学生提出的问题

在格拉塞看来,提问是理解的试金石。如果学生能够判断或识别他们在化学知识领域存在的空白、矛盾和不明确的内容,他们就会提出好的、有价值的化学问题。好的化学问题往往是在学生改造和重组现有化学知识的过程中形成的。课堂上教师应关注学生提出的化学问题,鼓励学生能够根据自己的化学知识、生活经验和兴趣爱好等从不同的方面、不同的角度提出有价值的化学问题。学生提出的化学问题更加符合自己的认知水平,有利于自主探究,并取得成功。

(三)培养学生的问题意识

格拉塞分析课堂上学生很少提问的原因有三:其一,在课堂情境中,提问存在社交成本和障碍。想提问的学生往往会遇到两难困境。如果他们问了"愚蠢"的问题,会暴露自己的无知,丢面子;如果他们提出"很棒"的问题,又很可能打断老师的讲课,或者让同学觉得自己想出风头。其二,有充分的证据显示学生很难识别自己在化学知识方面的不足。许多学生都难以发现新学的知识和之前所学知识之间存在的矛盾或不一致,也搞不清楚自己是否真正理解所学的化学知识。其三,教师往往忽视对自己或学生提问技巧的训练。通常条件下,教师不会采用复杂的苏格拉底式的提问方式,让学生自己暴露出对所学知识的理解错误。掌握有效的提问技巧需要大量的训练,不仅是老师,学生也应受到这方面的专门训练。为培养学生的问题意识,课堂上教师应充分发挥学生的主体地位,与学生进行互动,引导学生提出问题,讨论、思考、解决问题,进而培养学生的探究精神。

第二节 化学教学提问艺术的类型

布卢姆将知识掌握水平分为:知道、理解、运用、分析、综合、评价。教师提问的类型也可以借鉴布鲁姆对知识掌握水平的分类方法分为六类[5]。恰如其分地使用不同类型的提问,可以提升化学课堂的教学效果。

一、知道水平的提问

该水平的提问,主要考察的是学生对已学化学知识的识记情况。具体表现为提问学生能否记忆具体的化学事实、化学概念或原理、化学实验过程、化学方法等,考查学生对化学知识掌握的最低水平。

案例 3-1　"物质的溶解性"提问设计

徐州科技中学的徐老师以《化学(九年级下册)》"物质的溶解性"复习课为例，设计问题如下：

教师：展示一杯液体。有人说杯中装的一定是溶液，你认为呢？

学生：积极思考并抢答。

教师：如果是溶液应该具有什么特征？

学生：均一性、稳定性(澄清、透明等)。

教师：追问，如何验证此杯中液体是溶液？

学生：测杯中液体的导电性、酸碱性、蒸发等。

演示实验：测杯中液体的导电性。

学生：经验证杯中液体能导电，证明杯中的确是溶液。

教师投影：总结溶液的特征及性质。

教师：溶液的组成成分是什么？

学生：回答。引出溶液、溶质、溶剂等概念。

设计意图：上课时，教师首先展示一杯液体，请学生观察并思考杯中液体是不是溶液？这样创设的问题情境既简单又很新鲜，不仅帮助学生回忆之前所学的知识，而且能引发学生强烈的好奇心和探究欲。

二、理解水平的提问

理解水平的提问考察学生是否掌握了所学化学知识的意义，能否概述和说明所学的概念和原理；能否用自己的语言来表达所学的化学知识；能否用所学知识解释化学问题，此时所考察的仍然是学生较低水平的理解。如果说知道水平的提问所考察的仅仅是学生的表述和再现化学知识，而理解水平的提问则考察学生是否能说明所学知识代表的意义。

案例 3-2　"化学能与热能"提问设计

南宫中学的刘老师在高中《化学2(必修)》第二章第一节"化学能与热能"中设计提问如下：

教师提问：对于暖宝中的反应：$4Fe+3O_2 = 2Fe_2O_3$

① 如果在实验室控制条件使其快速反应，也放热吗？若铁粉的量相等，放出热量相同吗？

② 如果在空气中缓慢生锈，还放热吗？若铁粉的量相等，放出热量还相同吗？

再阅读课本35页科学视野"生物体中的能量变化"，回答问题。

设计意图：选择生活中常用的物品设计问题，引导学生运用所学知识，做出解释，提高学生分析和解决问题的能力。

三、运用水平的提问

运用水平的提问考察的是学生能否将所学化学知识应用于新的情境。该提问属于较高水平的理解。具体表现为考查学生能否应用化学概念、原理、科学方法、实验步骤，鼓励学生参与实践，在真实的问题中加深对所学知识的理解和运用。

案例 3-3　"水果电池"问题设计

徐州高级中学的郝老师以化学校本课程"水果电池"为例设计问题如下：

投影：播放美国艺术家查兰设计的水果电池艺术照。

教师：如何组装水果电池？依据的原理是什么？

演示实验：展示一个水果，制作水果电池。将水果电池连接发光二极管，观察是否能使发光二极管发亮。

教师：为什么我的水果电池没有使小灯泡变亮？

演示实验：将水果电池连接到数字化电压传感器中测电压，数值较低。

教师：如何改进水果电池使它具有更高的电压？影响水果电池电压的因素可能有哪些？

教师：你的猜测是否合理？如何设计实验来验证你的猜测？

教师：利用实验结论重新组装水果电池，使灯泡发亮。

设计意图：水果没有电，水果设计成电池产生了电，组装调整水果电池，使之产生更高的电压和更大的电流。借助这一真实情景，学生遇到问题，积极主动地设计实验方案，分析问题。根据实验数据进行归纳推理，获得实验结论并解决问题，在此过程中，发展学生的高阶思维，提高问题解决能力，培养证据推理与模型认知素养。

四、分析水平的提问

分析水平的提问主要考察学生对学习内容的理解，新旧知识的掌握与运用，并做出合理的解释。该提问能考查出比应用水平更高的智能水平。分析水平的提问要求学生能分析化学知识间的关系，要求学生能运用批判性思维，从错综复杂的知识信息中寻找出化学知识间的有机联系，帮助学生理解整体与部分的关系，并立足整体，分析局部。

案例 3-4 "金属钠"提问设计[8]

徐州市第三十六中学的张老师以高中《化学1(必修)》"金属钠"为例，设计提问如下：

教师：金属钠可以和水剧烈反应，反应的实质是钠与水电离出的 H^+ 离子发生氧化还原反应，有人据此推断，金属钠与盐酸的反应非常剧烈，盐酸浓度越高，反应速率越大。

实验证实，金属钠与盐酸的反应并没有想象中的剧烈。当盐酸浓度在 $0.50\ mol·L^{-1}$ 附近时，反应速率最快；当盐酸浓度小于 $0.50\ mol·L^{-1}$ 时，盐酸浓度越高，反应速率越大；当盐酸浓度大于 $0.50\ mol·L^{-1}$ 时，盐酸浓度越高，反应速率反而越小。当盐酸浓度大于 $1.0\ mol·L^{-1}$ 时，钠与盐酸的反应速率比钠与水的反应速率还小。试分析原因，并做出合理的解释。

教师：钠与浓度较大的盐酸反应速率变小，应该与生成的 NaCl 在盐酸中的溶解度变小，在金属钠的周围有结晶析出有关。

学生认为盐酸浓度越高，钠与盐酸反应的速率越大，只考虑了反应物的浓度因素，而忽略了生成物结晶对反应速率的影响。

设计意图：通过对化学反应异常现象的反思与讨论，学生意识到实验异常现象不一定都是由误差或失误造成的，其背后可能隐含着实验者未知的客观规律，抓住异常现象可能会有新的发现，从而培养学生认真观察的学习态度。

案例 3-5 "水果电池"提问设计

徐州高级中学的郝老师在"水果电池"一课中，设计提问如下：

教师提问1：水果电池能否用于生活？评价你设计的水果电池。生活中的普通锌锰干电池与水果电池相比有什么优点？

教师提问2：为了满足生活需求，人类发明了碱性锌锰干电池。观察普通锌锰干电池与碱性锌锰干电池的结构，分析电池为什么要这样改进？

教师提问3：随着人类生活需求的逐步提高，设计能提供更高电压，可重复使用的电池尤为迫切。分析铅蓄电池的结构，这样的设计有没有印证我们的实验结论？

教师提问4：随着科学技术特别是信息技术的发展，铅蓄电池的比能量太低不能满足人类的需求。因此需要比能量更高的材料。如何提高单位质量电池的容量？哪种材料做电极其比能量更高？让我们站在巨人的肩膀上，借助元素周期表寻找材料。

教师提问5：由于铍及其化合物毒性大，不适合做电极，目前最理想的金属就是锂。锂电池是未来10年内人类使用的关键性电池。锂电池因能量密度高，工作电压高，使用温度范围宽等优点备受关注。无论是方形锂电池还是圆柱形锂电池，其内部结构设计均是卷绕状的，能否用我们获得的知识解释这样设计的优点？

设计意图：学生应用设计水果电池实验中获得的结论，解释生活中常用电池的结构和特点，提升学生思考分析问题的能力和应用所学化学知识服务社会的能力。

五、综合水平的提问

综合水平的提问考察的是学生能否综合应用所学知识，创造性地解决化学问题。具体表现为提问学生能否制定出一项可操作的计划或方案；能否以口头或书面形式表达自己的见解等。综合水平的提问能充分开发学生的思维能力和想象力，并进行有创意的思考和组合，从而巧妙而富有创意地解决化学问题。

案例3-6 "硝酸钾"提问设计[9]

邳州市议堂中学的姚老师以《化学（九年级下册）》"硝酸钾"为例，设计提问如下：

教师讲述：温度稍高或受撞击时，硝酸钾固体会分解产生氧气。当其中混有可燃物时，则可能引发爆炸。黑火药爆炸的原理与之类似，传统黑火药的配方是：一硫二硝三木炭。

教师提问：结合产物的状态解释火药点燃后能爆炸的原因是什么？推测鞭炮爆炸的威力除与火药量有关外，还可能与哪些因素有关？烟花在爆炸的过程中还会产生对空气有污染的气体，现在新型环保烟花改良原始配方，将其中哪一种物质去除，可以降低烟花爆炸对空气质量的影响？你的理由是什么？

设计意图：学生运用化学原理解决实际问题，提高科学分析问题和解决问题的能力。

六、评价水平的提问

评价水平的提问考察的是学生能否评价所学材料的合理性，或评价同伴建议的合理性，还能考察学生能否评价所学材料的意义，如材料对社会的价值或同伴建议的意义与价值。它能体现学生对所学化学知识的理解是否已达到最高水平，可以有力地提升学生价值判断能力，促使学生形成一定的科学思想、科学信念和科学的世界观。

案例3-7 "治理大气污染"提问设计[14]

徐州市教育教学研究室王老师以苏教版《化学1（选修）》"化学与生活"中的"治理大

气污染"为例，设计提问如下：

教师：某地政府针对大气污染较严重的情况，与环境监测部门从监测数据入手，确定该地区可吸入颗粒物、二氧化硫、氮氧化物等污染情况较为严重。请运用化学知识、方法和观念，从不同视角提出该地区治理大气污染的技术方案、建议，并对其他小组的方案、建议给予评价。

学生：思考、交流及展示。

(1)技术方案

① 煤炭中加入石灰石，消除二氧化硫。
② 汽车加装尾气催化转化器，消除氮氧化物。
③ 静电除尘，消除可吸入颗粒物。
④ 控制燃煤燃烧条件，消除氮氧化物。
⑤ 氮氧化物、可吸入颗粒物的消除有利于消除臭氧。
……

(2)政府决策

① 加强空气质量监测。
② 能源结构和产业结构调整。
③ 加强对民众生活的指导。
……

(3)生活指导

① 控制生活中污染物的排放。
② 依据空气质量监测结果，科学认识和防治大气污染。
……

教师：根据各小组展示交流的情况，小组之间相互交流讨论，评价以上方案，给出建议或指导，并进行优化。

学生：讨论、评价及优化。

① 火力电厂燃煤脱硫工艺模式；
② 静电除尘模拟实验；
③ 汽车尾气净化装置；
④ 燃煤脱硝工艺原理；
⑤ 能源结构及转变情况；
⑥ 尝试起草《居民生活减排倡议》《能源行业加强大气污染防治工作方案》。

设计意图：根据大气污染物项目形成、转化的化学过程，结合污染物性质，体验决策过程(形成技术方案、政策建议和生活指导)。通过小组交流、分析与评价，提升学生价值判断和决策的能力。

第三节 化学教学提问艺术的功能

化学教学提问是一种师生或生生之间的有效对话与互动，而不是教师来主演，学生做观众的方式。即教师提问需要学生主动参与，积极思考并形成答案。良好的提问艺术能优化课堂教学过程，使师生之间不断地处于和谐的信息交流与思维互动之中，从而提高化学教学效果。化学课堂提问能引发学生的认知冲突，激发思维，同时教师通过提问了解学生学习的实际情况，获得反馈信息，及时对化学教学进行调整。具体来说，化学教学提问艺术有以下几方面的功能[11]。

一、教师提问的功能

化学教学提问是通过师生相互作用，检查学生的学习情况，巩固所学的化学知识，引导学生学会运用化学知识获得结论，提升学生的科学思维，从而实现化学教学目标的一种教学行为方式。化学教学提问是教师教学的重要手段和化学教学活动的有机组成部分[12]。教师提问的功能如下：

(一)活跃课堂气氛

教师提问可以改变"满堂灌"、"学生被动接受知识"的局面。有趣或有效的化学提问犹如一条纽带，会将师生的认识与感情紧密相连，不仅可以启发思考，激发灵感，还可以活跃课堂氛围，推动化学教学进程。

(二)调控教学进程

教师根据提问时学生的反馈信息，及时调控教学进程。提问所接收到的学生的语言反馈信息，比其他形式的反馈信息更准确，可以使教师及时了解学生对化学知识的理解和掌握程度以及提问的效果，从而迅速地调控化学教学进程。

(三)激发学习兴趣

教师精心设计的化学提问，可以激起学生强烈的求知欲和浓厚的化学学习兴趣。在课堂上，教师只有让学生经常感受到化学提问的挑战性和趣味性，才能充分调动学生思考问题和回答问题的积极性。

(四)启迪学生思维

一个巧妙的化学提问能够打开学生思想的闸门，使他们思维活跃，有所发现和领悟。挑战性的提问可以引导学生发展智慧。化学提问的过程，学生除了获得新知，思维能力也得到相应的提升。正如 Wilge 分析的，课堂提问能够使学生积极参与到化学学习过程中，激发学生积极思考，对所学知识进行深度认知加工，并运用高水平的思维解决问题。

二、学生提问的功能

随着核心素养教育理念的提出和化学学科教育观念的发展，教师逐渐意识到让学生主动提出问题，更能增强学生的学习兴趣和学习效果。当学生主动提出问题时，他们对化学课堂的参与度很高，他们或独立思考，或相互讨论。整个课堂形式活泼、井然有序。好的问题是一种思想的催化剂，又是一股凝聚力，它保证了化学教学活动的顺利进展，帮助学生建立原有知识和新知识之间的联系，提高教学效率[12]。

(一)监控学习过程

学生在课堂上的提问能够帮助自己掌握学习的进程，反思学习的不足或错误；学生还可以根据教师及同学的反馈信息，获得有效的信息，排疑解难，灵活地调整后续的学习活动。从教师与同学那里获得的反馈信息，促使学生不断审视自己，改进自己的学习态度、方法和习惯，使自己后续的学习活动更富有成效。

(二)产生学习动机

教师鼓励学生在课堂上主动提问，促使学生积极思考，有助于激发学生学习化学知识的热情。创设良好的提问情境能够有效地激发学生探究的欲望，促使他们或独立思考，或相互分享与讨论，按照自己的思维特点，有计划、有目的地制定方案，解决问题。

(三)锻炼表达能力

课堂提问能够为学生创造条件，给他们提供表达自己想法的机会，提高他们的口头语言表达能力。当学生成为化学课堂提问的主体时，提问者与回答者都要学会有条理、有根据地阐述自己的思想，这样的体验能够加深学生对化学知识的理解与提升学生的表达能力。

第四节　教师如何提升化学教学提问艺术

化学教学提问是教师和学生之间常用的交流互动行为。斋藤喜博认为"教师的提问是教学的生命"。斯特林·G. 卡尔汉认为"提问是教师促进学生思维、评价教学效果以及推动学生实现预期学习目标的基本手段。"[13]化学教师的提问行为具有活跃课堂气氛、调控教学过程、激发学生兴趣与启迪学生思维等多种教学功能。化学教学提问艺术是指教师以提问为手段进行的创造性化学实践活动。化学教师教学提问艺术水平的高低，直接影响化学教学的质量和效率[14]。在教学实践中，化学教师要想提升提问艺术，首先应该区分"重要的提问"和"徒劳的提问"。徒劳的提问主要表现为[14]：

① 提问目标不明确；
② 问题零碎、不系统；
③ 没有关注学生的年龄特征、个性差异及学习能力差异；
④ 问题表述不当或表述不明确，产生歧义；
⑤ 感情用事，沟通不畅；
⑥ 不给学生的思考留有余地，提问过程中没有间隔和停顿。

深入研究化学教学提问的理论与实践经验，加强教学提问艺术的修养，化学教师需要注意以下几点。

一、探寻与教学提问相关的理论

目前，国内有很多学者涉足提问相关的理论方法研究，借鉴心理学、教育学、哲学、社会学、脑科学、技术学的理论，解决"提问的概念""提问的功能"和"提问的策略"等重要问题。有了理论的支撑，化学课堂有效提问的探究才能更具目的性、自觉性和前瞻性。通过理论研究，明确提问目的、问题类型，在设计问题时应考虑的问题，在提问过程中可能出现的问题，解决这些问题的方法，并做好充分的准备。

二、恰当地使用各种提问方式

化学课堂上教师应研究直问、曲问、反问、激问、引问和追问的作用,并在不同的教学环节中灵活地使用以上提问方式。其中,直问是指直截了当地提出化学问题,学生通过阅读、思考、交流后能够直接知道答案,通常适用于了解、知道水平的问题,其主要目的是检查学生对化学知识的掌握情况。

曲问是一种迂回设问的方法。教师针对学生迷惑的概念或错误的认识,以关键点为突破口设计问题,使学生深入地理解化学知识。反问主要针对学生对某一化学问题的错误认识进行,步步逼近,促使学生顿悟,达到理解所学知识的目的。激问指在学习新知识之前,使用激励性的提问激发学生学习兴趣,促使新旧知识之间的类比、转化。曲问、反问与激问适用于理解水平的提问。

引问的特点是疏导或提示。对学生难以理解的问题,以及难以解决的问题,教师通过在关键处发问,帮助学生循序渐进地理解化学知识和解决化学问题。追问是对某一化学提问得到肯定或否定的回答之后,针对问题进行更深层次地发问,便于问题的深化。引问与追问适用于应用、分析或综合水平的提问。灵活地运用各种提问,可以让学生在质疑与解惑的过程中升华认识、提升能力、激发兴趣。

三、掌握提问技巧

教师只有掌握了提问技巧,才能有效地激发学生学习的积极性,提高教学效率。教师应注意以下几点:[13]

首先,教师要找准提问时机。教师可以从学生心理变化或教学内容上找提问时机。当学生的思维停留在肤浅的表面时,认知矛盾产生冲突时,注意力分散时,产生兴奋或强烈的兴趣需求时,教学到达内容的关键处、疑难处、衔接处、转折处或创新处时,都是提问的好时机。

其次,教师要合理选择提问对象。教师提问既要面向全体学生,又要照顾个别差异,使每个学生都能在解答的过程中获得成就感。提问对象的选择应既具有普遍性又照顾特殊性,既为全体学生提供平等地参与回答问题的机会,又针对学生的年龄特点、能力水平和认知风格等用不同的方式提出不同类型、不同层次的问题,以满足化学教学需要和学生学习的需要。

再次,教师必须注意提问姿态。教师的面部表情、姿势和语气等都能对师生对话产生很大的影响。如果教师在提问时态度良好,对学生的回答充满期待,学生就能从教师的良好态度中得到鼓励和支持,积极回答问题,有利于完成提问教学。

四、有效反馈信息

有效反馈信息是指教师针对学生的答案,做出合适的处理,给予学生及时的反馈信息,鼓励学生不断努力,为后续的学习奠定基础。教师应选择多样化提问方式来处理学生的回答。例如教师重复、追问学生的答案,或针对学生的答案提出新的问题或更深入的问题,或给出新的材料或见解。

教师提出问题后，面对学生答错、答案偏离主题及不够完整准确等情况，不必立刻给出正确答案，可以运用一些方法，如提示、分析、类比、归纳和补充等，诱导学生自己悟出正确答案。此外，学生做出回答，无论答案正确与否，教师都应做出巧妙的处理，结合教学目标和教学内容等做出归纳、分析、总结和评价，给予学生良好的反馈信息，促进学生明晰与强化对问题的认识[13]。

参 考 文 献

[1] 杨宁. 学生课堂提问的心理学研究及反思[J]. 湖南师范大学教育科学学报，2009(1)：96-99，106.

[2] 眭平. 科学发现之源：科学问题[J]. 科技导报，2002(8)：12-15.

[3] 纪树立，编译. 科学知识进化论 波普尔科学哲学选集[M]. 北京：三联书店，1987.

[4] 甘民. 论欧美课堂提问主体的演变[J]. 比较教育研究，2005(1)：87-90

[5] 邱家军. 课堂提问的类型与技巧[J]. 山东教育科研，2002(6)：44-46.

[6] Dantonio M.， Beisenherz P. C.，著，教师怎样提问才有效——课堂提问的艺术[M]. 宋玲，译. 北京：中国轻工业出版社，2018.

[7] 高佳. 有效课堂提问的策略与反思[J]. 教育探索，2010(4)：51-52.

[8] 张兴涛，王澍. "理想化"处理化学问题的分类辨析[J]. 化学教学，2019(7)：85-89.

[9] 姚彦川，徐作培. 主题复习法在中考复习中的应用——以 KNO_3 的知识复习为例[J]. 中小学教学研究，2019(11)：67-71.

[10] 王澍. 基于决策能力培养的高中化学教学策略研究——以苏教版选修 1 "治理大气污染"的教学为例[J]. 化学教与学，2017(7)：46-48.

[11] 李如密. 教学提问艺术的功能和类型[J]. 教学与管理，1995(1)：22-23.

[12] 宋振韶，张西超，徐世勇. 课堂提问的模式、功能及其实施途径[J]. 教育科学研究，2004(1)：34-37.

[13] 马会梅. 教师教学提问行为研究[J]. 教育探索，2009(5)：88-89.

[14] 李如密. 教学艺术论[M]. 北京：人民教育出版社，2011.

第四章　化学实验教学的艺术

> 著名化学家傅鹰说过："化学是实验的科学，只有实验才是最高的法庭"。刘知新认为化学实验所体现的化学学科特征与实现化学教学目标的重要功能，决定了化学实验在化学教学中的特殊地位。他强调，在化学教学中要突出学科特征，在重视实验，做好实验的基础上，促进知识的学习与理解[1]。化学实验教学体现了化学教学最显著的特征。化学实验能结合中学生的认知特点，为他们形成化学知识技能提供直观、生动、具体的感性材料和例证，帮助他们克服认知困难和提高认知质量，从微观层次认识物质。化学实验在化学教育和教学中具有不可替代的作用，化学实验教学的艺术对化学教学具有重要的意义和价值。

第一节　化学实验教学艺术的功能

让学生在真实的实验问题情景或问题解决的活动中得到更好的培养和锻炼，掌握方法，提高实验问题解决能力和创新能力[2]，是化学实验教学艺术的追求。具体功能如下。

一、掌握化学方法

英国物理学家贝尔纳说过："良好的方法能使我们更好地发挥运用天赋的才能，而拙劣的方法则可能阻拦才能的发挥。"化学方法一直是化学实验教学中的焦点[3]。化学方法以化学知识为基础，包含有心智的技能因素。化学方法反映了化学知识产生和发展的过程，是理解化学知识的纲领，也是应用化学知识解决实际问题的桥梁。教师注意化学方法的教学，可以开阔学生思维，掌握解决化学学习问题的手段[4]。

科学方法很难像化学知识的教学那样通过讲授或讨论等直接、简明地传授给学生。科学方法的传授除了阅读化学史材料，更有效的途径是设计化学实验来强化科学方法的教学。学生只有亲身体验了实验探究的过程，才能学会如何使用有效的化学方法解决化学问题。

二、提升化学实验思维能力

化学实验思维能力是学生在学习化学知识，解决化学问题的过程中，根据一定的目的和任务，运用化学知识和信息，借助化学实验仪器，通过设计实验方案，完成实验操作，观察实验现象，收集实验证据，获得实验结果，并做出合理解释从而实现实验目的。

中学化学实验思维具有以下特点：多样性、连贯性与跳跃性、监控性。化学实验思维的多样性是指化学实验思维活动贯穿于化学实验的所有环节。化学实验思维的对象包括：实验原理、实验方法、实验方案、实验仪器、实验操作过程中出现的实验现象，实验数据和实验结果等。化学实验思维的连贯性是指化学实验的整个过程要按照化学方案来完成；

思维的跳跃性是指化学过程中经常有意外现象出现，找到原因或获得新的发现，以适应突如其来的问题。思维的监控性是指在化学实验的过程中，学生需要监控自己的行为，分析实验现象等。好的化学实验设计能够激发学生实验动机，促进学生积极参与，进而有利于学生实验思维能力的提升[5]。

三、提升化学实验设计能力

中学化学实验设计能力指的是学生在学习化学知识、解决化学问题和完成实验创新的过程中，根据一定的实验目标和任务，运用所学化学知识、实验技能和信息资料，设计实验方案，并通过实验操作改进实验方案，最终完成实验目标。

中学化学实验设计能力包括：实验课题的选择能力、实验方案的设计能力、实验数据的整理与分析能力及实验的改进与创新能力。其中，实验课题的选择是开展化学实验设计的关键环节，实验课题的选择能力决定了实验研究成果的质量。实验方案的设计能力是指明确实验目的，选择实验仪器、药品和材料，设计实验步骤等。实验数据整理与分析能力包括设计实验数据记录表格，运用计算公式、数据分析和处理等。实验的改进与创新能力包括对实验仪器、材料、药品、步骤等进行改进与设计，它是实验设计中的重要内容，属于更高层次的能力，难度大、灵活性强[5]。

四、培养实验创新能力

学生的实验创新能力表现为运用已有知识、经验、能力独立地学习新的知识和经验；对某一学习问题提出新的见解，提出解决问题的新思路和新方法；独立地发现新事物，提出新问题，设计新实验等。实验设计的创新主要运用抽象思维，运用所学的化学知识、信息资料，选择实验课题，并完成实验设计。在实验探索、思考、论证之后，靠灵感和直觉获得顿悟，并依靠形象思维对实验创新进行评价与论证。教师在课堂中留给学生足够的空间进行实验探究，使学生有充足的时间动手、动脑，体验创新的乐趣，提升创新能力[6]。

第二节 化学实验教学情境创设的艺术

促进学生的发展，并在化学学科核心素养方面有所提高，是化学实验教学情境创设艺术追求的目标。化学实验教学情境就是教学情感环境，教学情境不仅可以激发学生的情感活动，还可以促进学生的认知活动和实践活动[7]。

一、从生活入手创设情境

化学与生活紧密相连，从生活入手创设实验教学情境，引发学生高度注意和兴趣，促使学生积极主动地探究、讨论与合作，提升学生解决实际问题的能力。

案例 4-1　"原电池"主题的生活情境创设

背景：以实验探究为主的多元化学习方式，在教学中不是把教材内容做简单的展示，而是在分析教材内容的基础上，结合生活中常见的物质，并根据学生的学习能力重新组织，站在改组和重建的高度来审视教材，把教材内容作为了解化学科学的生长点，体验类似科学家进行科学探究的一般过程，在探究过程中完成知识的自主建构。河北南宫中学的韩老师以化学 2 "原电池"为例，创设实验情境如下：

教师展示：一节碱性电池。

教师：这是什么？你见过什么电池？

教师展示：各种各样的电池。

教师：这些电池在它们各自的岗位上起着不可或缺的作用，其共同点就是提供电能，那么，电池中的"电"是怎么产生的？今天我们就来研究一下。

学生分组实验 1：

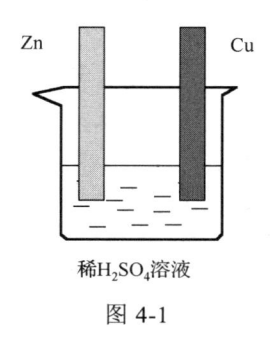

稀H_2SO_4溶液

图 4-1

描述现象：Zn 片表面有气泡产生，Zn 片溶解，Cu 片无现象。

学生分组实验 2：

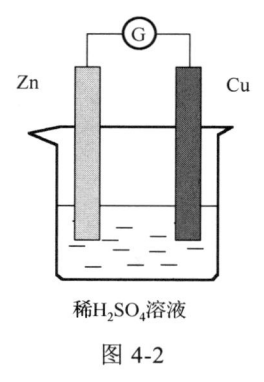

稀H_2SO_4溶液

图 4-2

描述现象：电流计指针偏转，Cu 片表面有气泡冒出(H_2)，Zn 片溶解(Zn 片表面也有气泡)。

教师：1.实验 2 中铜片表面生成了什么气体？是 Cu 与 H^+ 反应生成的吗？（Cu 能与 H^+ 反应吗？）2.电流计指针偏转说明什么？

学生：1.氢气。应是锌反应产生的，铜与 H^+ 不反应；
　　　2.说明有电流通过，产生电能，该装置是一个原电池。

提出问题：原电池是如何把化学能转化成电能的？

问题分解：

① 构成原电池的反应都是什么反应？
② 这类反应的本质是什么？
③ 实验 2 中电流是如何产生的？
提示：带电粒子的定向移动产生电流。
分析反应得失 e^- 的情况。
思考回答：
①氧化还原反应。
②有电子转移。
③讨论后，试着回答：
　　Zn 失去 e^- 后生成 Zn^{2+}，e^- 经导线流向 Cu 片，H^+ 在 Cu 上得 e^- 生成 H_2。
师生共同讨论：
原电池原理：将氧化还原反应得失 e^- 的过程分开在两个电极上发生，从而产生电子的定向移动，即电流。

二、从工业生产入手创设情境

学习内容与工业生产相结合时才具有意义，学习才能发展，所学的知识才能迁移到其他情境中去。将与化学密切相关的社会问题与实验相结合，创设出适用于中学生的探究情境，有利于渗透人文素养，培养学生的社会责任感。

案例 4-2 "水的净化"主题的工业生产情境创设[8]

背景：从学生已有经验出发，引导他们在熟悉的生活情境和生产实践中学习净水方法，感受净化水的重要性，从而有效地促进知识建构。重视联系生产实际，培养学生解决简单实际问题的能力。徐州市第十三中学的马老师，针对化学（九年级上册）"水的净化"一课，设计情境如下：

教师：为了上好今天的课，前几天老师去参观了本市的自来水厂。
教师：播放自来水厂净化水的主要生产流程视频。
教师：本节课，我们就模拟自来水生产的主要流程，进行水的净化。
板书：水的净化
教师展示：将本节课用到的化学仪器，通过图片或实物简要介绍给学生。
投影：
友情提示：做实验时，要轻拿轻放仪器，用好放回原处；
组内学生，注意分工合作，及时观察实验现象；
完成实验后，要把实验现象、实验结论等填入《实验报告》里。
学生分组实验 1：在 2 个小烧杯内分别倒入 60 mL 河水，再向其中一个小烧杯中加入 2 药匙明矾，搅拌静置，观察实验现象。
教师巡视、参与、指导。（说明：由于明矾凝聚吸附的时间较长，这段时间教师引导学生制作过滤器。）

学生：有固体沉降下来，使上层的水变得澄清一些。明矾能吸附水中细小的悬浮杂质，使其凝聚，从而快速沉降。

板书：沉降。

教师：我们如何除去水中浑浊的颗粒物呢？自来水厂是用沙子和卵石进行过滤的。在实验室里，我们用滤纸和漏斗组成过滤器，进行过滤。滤纸是由棉质纤维制成的，它的表面有无数小孔，孔径约为 30 μm，这样液体粒子可以通过、固体颗粒则不能通过，从而使液体与不溶于液体的固体分离。

教师演示：滤纸的折叠，以及过滤器的制作。

投影：

过滤操作要领：一贴滤纸紧贴漏斗内壁；

二低滤纸边缘低于漏斗口，液面低于滤纸边缘；

三靠烧杯口紧靠玻璃棒，玻璃棒下端靠在 3 层滤纸上，漏斗末端紧靠烧杯内壁。

学生分组实验 2：过滤加入明矾的那杯污水，观察过滤前后的液体有什么不同。教师巡视、参与、指导。注意提醒学生，沉降在杯底的污垢不要倒入过滤器内，以免堵塞滤纸。

学生：过滤后的液体澄清、透明，仍有颜色。过滤可以除去不溶性杂质，不能除去色素等可溶性杂质。

板书：过滤

教师：生产生活中，把状态不同的物质分离，也涉及过滤的原理。大家想一想，生活中还有哪些地方用到了过滤的原理？

学生：口罩、渔网、纱窗、水杯中的茶叶网、漏勺、豆浆机的漏网、自来水厂的砂滤池等。

教师：过滤后的水还有颜色。怎样除去这些溶于水的有色物质呢？

教师：活性炭是黑色固体，内部有很多细小的小孔，它能吸附一些溶于水的物质。

教师展示并介绍：简易净水器（小输液瓶内加厚厚的活性炭）的使用要点。

学生分组实验 3：把过滤后的澄清液体倒入简易净水器中，观察实验现象。

教师：巡视、参与与指导。

学生：液体变为无色。活性炭可以吸附色素。

板书：吸附。

教师：目前市场上形形色色的净水器，都用到了活性炭的吸附性。处理后的无色液体，是否就是纯净的水呢？

学生分组实验 4：取 2 支试管，一支试管倒入 1/4 蒸馏水，另一个试管倒入 1/4 刚才净化过的水，然后分别向试管中滴加 2 滴管肥皂水，观察现象。

教师：巡视、参与与指导。

学生：刚净化后的水中出现较多白色垢状物，泡沫少，蒸馏水中几乎没有垢状物且泡沫多。

教师：如果水里溶有较多的钙、镁化合物，这种水就叫硬水，如果水里不含或含较少可溶性钙、镁化合物，这种水就叫软水。检验硬水和软水，常用肥皂水。

教师：使用硬水洗衣服，浪费肥皂，衣服会变硬；锅炉使用硬水浪费燃料，甚至引起爆炸。徐州的自来水硬度较高，生活中如何将硬水软化呢？

板书：煮沸。

教师：煮沸时，不仅对水进行了消毒，还把自来水软化了；沉降下来的钙、镁化合物就是我们常说的水垢(同时展示烧水的水壶)。

三、通过提问创设情境

化学实验总是与适宜的提问情境联系在一起。利用提问情境来设置实验教学活动，便于学生开展探究、讨论及实验活动，有利于学生对知识的理解和实验能力的提升。

案例 4-3 "溶液的配制"实验设计

背景：徐州科技中学的徐老师针对"溶液的配制"实验设计了一系列问题。她是这样设计的：若这杯溶液是 100 g 溶质质量分数为 15% 的氯化钠溶液，让学生思考：如何来配制它？要把多少氯化钠溶于水才能得到这杯溶液？以此问题为线索启发、引导学生积极思考溶液的配制方法。

问题 1：这个杯子中装的是 100 g 15% 的氯化钠溶液，你知道怎样配制这样的溶液吗？

学生：固体加水、浓溶液稀释、稀溶液与浓溶液混合等。

问题 2：你知道配制溶液的步骤吗？

学生：思考、分析配制步骤。

教师：同学们说的很好，我们先来动笔计算一下所需氯化钠的质量和水的体积吧。

学生：学生板演，计算数据。

问题 3：在配制过程中要用到哪些仪器？你能从所给仪器中挑选出来吗？请一位学生上讲台挑选并给大家讲解。

学生：找出实验仪器并讲解。

问题 4：如果想加快溶解你有什么建议吗？

学生：思考回答。

教师：请同学们分组配制该溶液。

学生：动手实验。

四、运用化学史料创设情境

化学学科发展史及化学家的故事，都可以作为创设生动的问题素材。创设化学史教学情境，模拟科学家在化学研究的过程中获得新的发现和新的认识的过程，为学生提供一个真实有效的探究情境，让学生在参与历史探究活动的过程中，受到启发，提升化学思维能力。

案例 4-4 "苯"的历史材料选取与设计[9]

丹阳市高级中学的刘老师针对高中《化学 2(必修)》"苯"一课，设计情境如下：

教师：科学家是怎样研究苯的结构的呢？

学生：观看苯的分子结构研究录像。

录像内容：

苯分子结构的确定曾经是困扰 19 世纪化学家的一大难题……

1825年，英国科学家法拉第首先发现了苯。1834年，德国科学家米希尔里希为苯进行了命名。其后，法国化学家日拉尔等人确定了苯的相对分子质量和分子式。苯分子中碳含量之高，令科学家们为之惊讶，从此他们踏上了探究苯结构的漫漫征途。

斗转星移，整整四十余个春秋后，让我们豁然开朗，为之振奋的时刻出现了。这是一位极富想象力的学者，德国化学家凯库勒曾提出碳四价学说和碳原子间可以连接成链这一重要学说。但就是这样一位想象力丰富的学者也被定势思维所束缚，而一直认为苯分子结构是链状，因而苦思冥想，不得其解。1864年冬天，凯库勒仍为之殚精竭虑，日则忘食。一夜于梦中，突见一蛇自食其尾。凯库勒突获灵感，跃身而起，将梦中蛇自咬尾巴的形象画出。此时，他脑海轰然作声。发现六碳原子连接成链，并可首尾相连。每个碳原子连接一个氢原子，于是，苯环结构豁然而成。

教师：凯库勒于1866年提出两个假设：苯的六个碳原子形成闭合的环，即平面六边形；各碳原子之间存在单双键交替形式，历史上称为凯库勒式如图4-3所示。

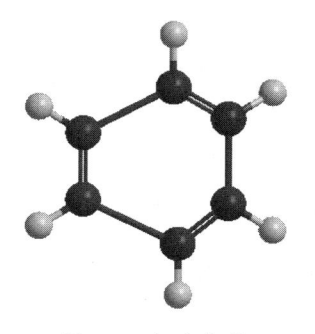

图4-3　凯库勒式

教师：这一结构式较好地解释了苯分子的一溴代物只有一种，且能与氢气加成等化学性质。这个结构是否正确呢？如何验证？

学生：含C=C的物质可用溴水或酸性高锰酸钾溶液验证。

学生实验：在两支试管中分别加入2 mL酸性高锰酸钾溶液和溴水，再滴入1 mL苯，振荡，静置，观察现象。

表4-1

实验	实验现象
试管1	高锰酸钾溶液不褪色；溶液分层，上层为无色有机层，下层为紫色水层
试管2	萃取，上层为橙黄色有机层，下层为无色有机层
结论	不与溴水、酸性高锰酸钾反应，苯中不存在典型的碳碳双键

教师：同学们有何感想？苯到底是怎样的结构呢？化学家使用扫描隧道显微镜得以窥见苯环真面目。苯环果然是平面六边形结构，单双键完全均分，抱成一团，因此我们用圆圈来表示，每个碳原子连接一个氢原子，构成12原子共面。

苯分子中的碳碳键是一种介于单键和双键之间的特殊的共价键，凯库勒的成功为这一切奠定了基础。在某些情况下我们仍然可以用凯库勒式表示苯分子的结构，但是，绝不能认为苯环中各碳原子间存在着单、双键交替的形式，如图4-4所示。

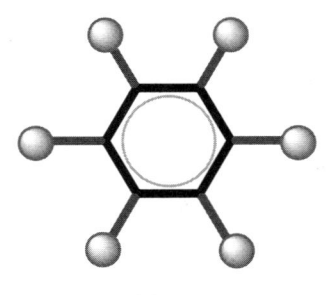

图 4-4

表 4-2 苯的组成和结构

分子式	结构简式	比例模型	球棍模型
C_6H_6	（六边形/六边形带圆圈）	（比例模型图）	（球棍模型图）

*6 个碳原子构成平面六边形，12 个原子共平面。
**碳碳键的键长和键角都相等，是一种介于单键和双键之间的独特的键。

五、利用突发事件创设情境

课堂教学过程是一个师生互动、随时变化的过程，难免会出现一些意想不到的突发事件。利用突发事件创设问题探究情景，教师要有较强的应变能力，能机智、巧妙地处理突如其来的意外事故，转危为安，弄拙成巧。

案例 4-5 "氢氧化钠溶液与硫酸铜溶液反应"突发事件情境设计

背景：一次，徐州市铜山区郑集镇中心中学雍老师上县级化学公开课，内容是氢氧化钠的化学性质。按照雍老师预设的，让一名学生到讲台做氢氧化钠溶液与硫酸铜溶液反应的实验。学生的操作很规范：取少量 $CuSO_4$ 溶液于试管中，用胶头滴管向其中滴加 5 滴 NaOH 溶液。正当全体听课教师和学生都期待着看到蓝色沉淀的时候，意外的事情发生了：试管中并没有出现蓝色沉淀。针对这一突发事件，雍老师创设了一系列实验探究活动。

教师：为什么没有看到蓝色沉淀呢？请同学们猜测一下有哪些可能的原因，小组讨论一下。

学生 1：可能是偶然现象。

学生 2：可能是 $CuSO_4$ 溶液变质了。

学生 3：可能是 NaOH 溶液变质了。

大家七嘴八舌，议论纷纷。

教师：这几位学生的猜测都很好，那么，我们能设计哪些实验来探究？哪个猜测是正确的？

学生 4：上台又做了一遍这个实验，结果还是没有看到蓝色沉淀现象。又做一遍的目的是排除偶然现象。

学生5：上台把澄清石灰水滴加到 $CuSO_4$ 溶液中，结果出现了蓝色沉淀。做这个实验证明了 $CuSO_4$ 溶液没有变质。

此时，大家一致认为是 NaOH 溶液变质了。

教师：既然大家都认为是 NaOH 溶液变质了，你们有哪些方法证明呢？

学生6：上台取少量样品于试管中，滴加稀盐酸，结果产生了气泡。NaOH 溶液真的变质了，吸收了空气中的二氧化碳，生成了 Na_2CO_3。

板演：$2NaOH + CO_2 = Na_2CO_3 + H_2O$；
$Na_2CO_3 + 2HCl = 2NaCl + H_2O + CO_2\uparrow$。

学生7：上台另取少量样品于试管中，滴加澄清石灰水，结果出现了浑浊现象。

板演：$Ca(OH)_2 + Na_2CO_3 = CaCO_3\downarrow + 2NaOH$。

教师：通过探究，原因已经找到了。大家能不能设计实验方案，生成 NaOH，重新做刚才失败的实验呢？

学生8：上台取较多量的样品于试管中，加入较多量的澄清石灰水，出现沉淀后静置片刻。用胶头滴管吸取上层清液滴加到 $CuSO_4$ 溶液中，结果出现了蓝色的沉淀。

这时，台下一片鼓掌声和听课教师的喝彩声。雍老师心中的一块石头终于落了地。

板演：$2NaOH + CuSO_4 = Cu(OH)_2\downarrow + Na_2SO_4$。

教师：同学们，通过本节课的学习，你学到了哪些知识？有哪些收获？

学生9：NaOH 在空气中容易变质生成 Na_2CO_3，所以要密封保存。

学生10：NaOH 显碱性，能与 $CuSO_4$ 溶液反应生成蓝色 $Cu(OH)_2$ 沉淀。

学生11：NaOH 是否变质，可以用稀盐酸或澄清石灰水来检验。

学生12：当 NaOH 溶液变质以后，可以用石灰水除去 Na_2CO_3，重新转化为 NaOH，这就是工业上生产烧碱的方法。

学生13：当没有看到预设的现象时，我们一定要及时探究实验失败的原因。

学生14：这节课，我学会了如何进行实验探究。我的实验探究能力增强了很多。而且有什么想法，都可通过实验去验证。课堂上我很自由，和同学们交流很愉快。我喜欢这样的课堂。

六、利用数字化实验创设情境

教师通过设计教学任务，引导学生预测、观察与解释，有效唤起学生的原有知识，并通过数字化仪器采集数据，引导学生运用数据获得结论，促进学生对化学概念的理解，激发学习兴趣。以"氮氧化物的产生及转化"为例。

案例4-6 "氮氧化物的产生及转化"数字化实验情境设计[10]

徐州市第三十六中学的张老师在讲述高中《化学 1(必修)》"氮氧化物的产生及转化"一课时，设计情境如下：

教师：在高压放电条件下，N_2 与 O_2 反应，可以看到红棕色气体生成，是直接生成了 NO_2？还是先生成 NO，NO 再与 O_2 生成 NO_2？

学生：在高压放电条件下，N_2 与 O_2 反应，先生成 NO，NO 再与 O_2 生成 NO_2。

教师：同学们能观察到红棕色 NO_2，但是，你们能观察到 NO 吗？

学生：不能观察到 NO，从教材上知道，在放电条件下，N_2 与 O_2 反应，是先生成 NO，NO 再与 O_2 生成 NO_2。

教师：怎样设计实验才能证明在高压放电条件下，N_2 与 O_2 反应生成 NO，而不是 NO_2？

讨论：(1)若在放电条件下，N_2 与 O_2 反应生成 NO，生成的 NO 会继续与 O_2 反应。这样在放电时，O_2 的含量不断降低，断电后，若 O_2 的含量继续降低，说明先生成 NO。

(2)若在放电条件下，N_2 与 O_2 反应直接生成 NO_2，断电后，O_2 的含量不会降低。

数字实验：依据放电前、后氧气传感器探测三颈烧瓶中氧气的浓度，装置如图 4-5 所示，通过氧气浓度的曲线变化，如图 4-6 所示，对放电条件下，N_2 与 O_2 反应是否直接生成 NO_2 进行分析判断。

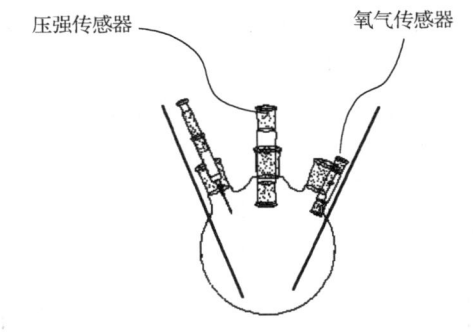

图 4-5　放电条件下，N_2 与 O_2 反应的数字化实验装置

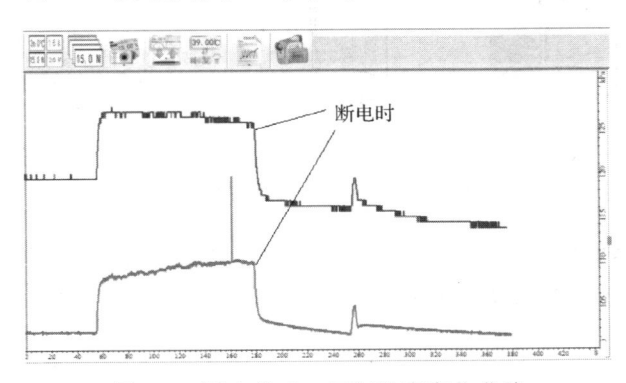

图 4-6　断电前后，氧气浓度变化曲线

设计意图：教师抛出问题，对教材内容提出不同看法，让学生思考并设计方案解决问题，尤其是涉及 NO 和 NO_2 两种有毒气体的实验方案设计，考验学生选择和预判、数据处理、实验风险控制等决策能力。采用数字化实验，体现了由抽象到直观、由静态到动态、由定性到定量的特点，实现了知识的可视化，更符合学生的认知习惯，有助于提高学生的认知水平。

第三节　化学实验创新设计方法

在化学实验教学中，教师除了要用好课本经典实验，还要充分反思他人实验设计的思维方法。教师应灵活运用实验创新方法，充分发挥实验创新设计艺术，使得化学实验更加科学、简洁和完美。具体做法如下[11]。

一、移植方法

随着科学技术的发展,移植方法已经从一种特殊的方法发展成为一种普遍的科学方法。化学同任何学科之间都存在着相互移植的可能。例如:物理方法向化学的移植。化学接受物理学提供的移植方法很多,主要包括概念、原理和方法等。物理学概念向化学领域的移植,主要有两种情况:物理概念直接应用于化学领域和物理学概念移植到化学领域,而衍生出新的概念[12]。化学实验创新移植方法就是把已成熟的某种科学原理或实用方法引入化学实验中,从而设计出新的实验装置或操作方法。

案例4-7 物理实验方法的移植[13]

徐州市第十三中学的马老师分析《化学(九年级下册)》"物质在水中分散"一节,并运用物理实验方法创新化学实验,具体内容如下。

图4-7展示了3种溶液溶解时温度变化的测量实验,思考:浓度对化学平衡有影响吗?有什么影响?影响的结果是什么?

硝酸铵溶液　　　氯化钠溶液　　　氢氧化钠溶液

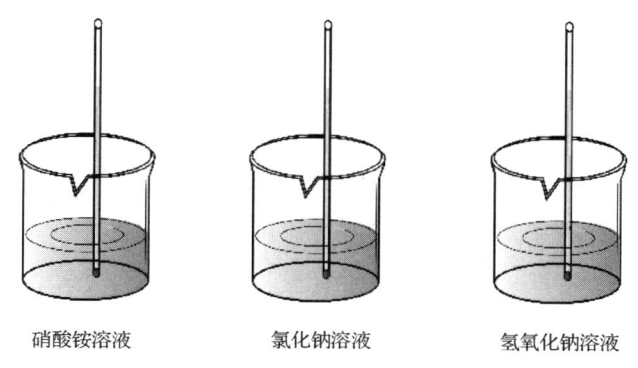

图4-7　物质溶解时的温度变化

有物理老师借助鹌鹑蛋设计出验证大气压强的实验。实验时将圆底烧瓶放在开水中烫一下,再把煮熟去壳的鹌鹑蛋塞入烧瓶口,鹌鹑蛋就会在大气压的作用下缓缓进入烧瓶。实验装置见图4-8。

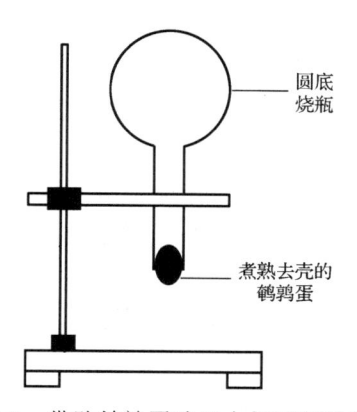

图4-8　借助鹌鹑蛋验证大气压强的存在

借助物理学原理创新化学实验:

① 取 150 mL 的平底烧瓶，在酒精灯火焰上微热瓶身一会儿，然后将表面涂有凡士林的软木塞插入烧瓶口，软木塞会随着烧瓶的冷却缓缓滑到瓶颈的中部（见图 4-9 甲）。因此，当平底烧瓶中的空气热胀冷缩时，软木塞就会在瓶颈内上下移动。

② 再取少许氢氧化钠固体，倒入小烧杯中，加水充分溶解；立即将得到的氢氧化钠溶液缓缓浇在正立烧瓶的中下部（见图 4-9 乙），很快观察到软木棍在瓶颈内缓缓上升（注意防止软木棍完全滑出烧瓶口）。上述实验现象充分说明，氢氧化钠溶于水时溶液的温度升高，即氢氧化钠溶于水时放出大量的热。

③ 取少许氯化钠固体，倒入小烧杯中；加水充分溶解，制得氯化钠溶液；立即将此溶液缓缓浇在正立的烧瓶的中下部（见图 4-9 乙），观察到软木棍静止不动。该实验现象说明，氯化钠溶于水时溶液的温度基本不变，即氯化钠溶于水时伴随的能量变化不明显。

④ 取少许硝酸铵固体，倒入小烧杯中，加水溶解；立即将得到的硝酸铵溶液缓缓浇在倒立的烧瓶底部（见图 4-9 丙），很快可以观察到软木棍缓缓上升（注意防止软木棍完全进入烧瓶的瓶身内）。说明硝酸铵溶于水时溶液的温度降低，即硝酸铵溶于水时吸收大量的热。

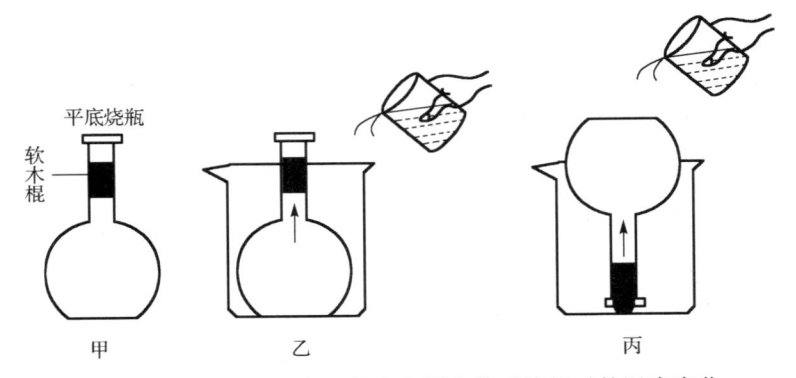

图 4-9 借助平底烧瓶和软木塞测定物质溶解时的温度变化

设计意图：此改进实验通过体系内空气的热胀冷缩，直观反映物质溶解时的吸热或放热现象，有利于培养学生的发散思维。

案例 4-8　物理学原理的移植[14]

徐州市第十三中学的马老师运用物理学原理，设计实验"探究微粒的运动"，具体内容如下：

麦克斯韦-玻尔兹曼研究了气态物质的运动行为，得出重力场中气态物质的玻尔兹曼分布公式：

$$n(z) = n_0 \exp\left(\frac{mg}{kT}z\right)$$

此式表明，气体分子数密度 n 随着高度 z 的增加呈现指数式下降且与气体分子质量 m 成反比，即在相同温度下，分子量大的气体，其分子数密度下降得更快。氢气分子的质量比较小，随着高度的上升，氢气的分子数密度大幅度升高，因而在分子扩散中氢气分子在空气中具有向上运动的趋势。二氧化碳分子质量比空气中氧分子和氮分子的质量大，随着高度降低，二氧化碳的分子数密度增大，即二氧化碳分子更倾向于向重力方向扩散。

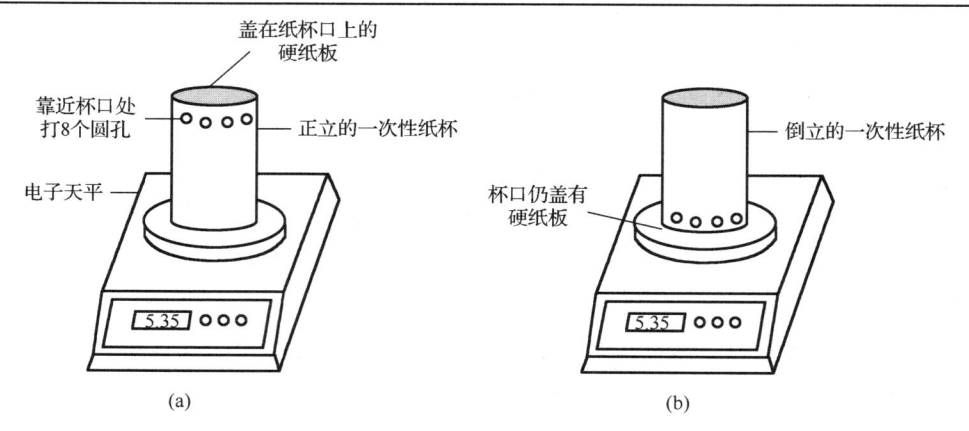

图 4-10 充满气体的纸杯正放或倒放时，用电子天平称量其质量变化

实验步骤：(1)取一个 250 mL 的一次性纸杯，在靠近杯口处对称地打 8 个圆孔(或用电烙铁烧出 8 个圆孔)，孔径约 1 cm；剪一块比纸杯口径略大的平整的硬纸板(包装衬衣的硬纸板最好)，确保硬纸板与纸杯口比较吻合。

(2)校准精确度为 10 mg 的电子天平，再将充满空气的"空"纸杯正放(或倒放)到电子天平上，在纸杯口盖好硬纸板，称其质量约为 5.35 g，即纸杯(含硬纸板的杯盖)充满常态空气时的质量是 5.35 g。

(3)用向上排空气法在纸杯里收集一杯二氧化碳气体(在 8 个圆孔的任意 1 孔处验满)，然后快速将硬纸板严密地盖在纸杯口上，再迅速将纸杯正放在电子天平上进行称量[见图 4-10(a)]，注意及时记录纸杯质量随时间的变化。我们发现，纸杯的质量一开始快速变小，大约 120 s 后缓慢变小；直至大约 4037 s 时质量保持在 5.35 g 不变，说明密度大于空气的二氧化碳气体此时已基本上全部逸出纸杯，空气已基本上充满纸杯。

(4)再用向上排空气法在纸杯里收集一杯二氧化碳气体，然后快速将硬纸板严密地盖在纸杯口上，再迅速将纸杯翻转过来倒放在电子天平上进行称量[见图 4-11(b)]，注意及时记录纸杯质量随时间的变化。我们发现纸杯质量变小的速率明显大于正立放置时；大约 118 s 时质量保持在 5.35 g 不变，说明二氧化碳气体此时已基本上全部逸出纸杯，密度小于二氧化碳气体的空气已基本上充满纸杯。需要注意的是，纸杯倒立放置在电子天平上时仍要将硬纸板盖在纸杯口上，以确保两次实验中二氧化碳气体都是从相同的开放体系(8 个圆孔)中逸出的。需要说明的是，同样的纸杯倒立放置在电子天平上时，其起始质量(5.42 g)小于正立时的起始质量(5.45 g)，说明在纸杯翻转倒立的过程中，不管动作多快都免不了会有一些二氧化碳气体逸出纸杯；即便这样，对探究微粒的运动也没有影响。

二、替换方法

替换方法就是通过更换不同性能的实验仪器、材料、药品等，优化实验装置、实验方法、实验现象，从而产生更好的实验教学效果。

案例 4-9 实验药品的替换[15]

徐州市第十三中学马老师分析《化学(九年级上册)》"构成物质的基本微粒"中，选用易挥发的浓氨水和遇碱变红的酚酞溶液探究微粒的运动性，发现该实验有趣且有可行性，但也存在一些缺点(如氨水用量大、污染空气、操作麻烦等)。于是，马老师利用浓醋酸易挥发，挥发出来的醋酸蒸汽能使湿润的蓝色石蕊试纸变红的实验现象，替换浓氨水和酚酞溶液，探究微粒的运动性。新设计的实验装置见图 4-11。

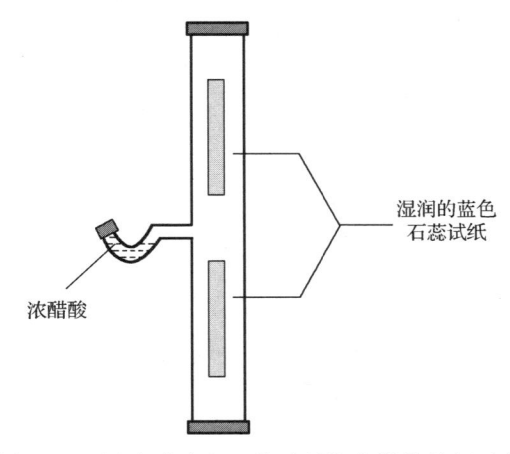

图 4-11　用浓醋酸和石蕊试纸探究微粒的运动性

实验步骤：在粗玻璃管内壁上，粘附几张湿润的蓝色石蕊试纸。在弯曲的细玻璃管里，滴入 10～15 滴浓醋酸，立即将小橡皮帽套在细玻璃管口。大约 10 s 即可看到，仅有中下部的石蕊试纸从上向下逐渐变红。这说明醋酸分子在不断运动，同时说明醋酸蒸汽的密度比空气大。

设计意图：粗玻璃管的两端不封闭，学生能闻到醋酸气味，观察到中下部的石蕊试纸从上向下逐渐变红，从而理解微粒的运动性质。

案例 4-10　实验仪器的替换[16]

徐州市第十三中学马老师研究"检验蜡烛燃烧的产物"实验时发现，如按照科学或化学课本上的方法检验蜡烛燃烧的产物时(方法见图 4-12)，虽然操作简单，但实验现象不够明显。

图 4-12　检验蜡烛燃烧的产物实验

这是为什么呢？教师引导学生稍作分析，就知道实验存在如下的一些不足：

① 在通常情况下，不具备使烧杯变冷的条件；烧杯内壁较薄，罩在火焰上热得快，这就导致水蒸气不易在杯壁上液化，因而难以观察到产物水的出现。

② 燃烧生成的气体产物具有流动性，而烧杯是宽口的圆柱形仪器，即便罩在火焰上也不容易捕获较多的二氧化碳气体，因而石灰水变浑浊不够明显。

③ 如果将石灰水涂到烧杯内壁上，石灰水在受热时也会变浑浊（因为温度升高，固体氢氧化钙会析出），这样得出的实验结论可信度不高。

明晰了上述缺点，如果能将其克服，就能提高实验的成功率。师生经过一番交流讨论、思维发散、对比分析，拿出化解不足的方案：将捕获燃烧产物的烧杯更换为窄口、大肚、厚壁的集气瓶或广口瓶等（见图 4-13）。

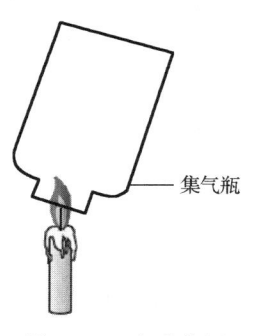

图 4-13　改进装置

具体操作：将干冷的集气瓶（或广口瓶）罩在火焰中上部，很快集气瓶的内壁就出现水雾，说明蜡烛燃烧产生水，进而说明石蜡中含有氢元素；稍后，再将集气瓶快速翻转过来，倒入澄清的石灰水，振荡，石灰水立刻变浑浊，说明蜡烛燃烧生成二氧化碳，进而说明石蜡中含有碳元素。干冷的集气瓶也很容易得到。

设计意图：在具体的活动中，学生知道了实验创新活动中替换方法的巧妙使用，也能收获意想不到的效果。

三、模仿方法

模仿方法就是通过借鉴已有实验中的某些有效因素（如操作方法、化学药品或实验仪器等）进行仿造。在发明创新时，模仿是一种很自然的想法和思路，但模仿不能生搬硬套。

案例 4-11　实验仪器改进思路的模仿[16]

以上述"检验蜡烛燃烧的产物"实验为例，所示的改进实验，其成功的关键是使用了易于捕获燃烧产物的玻璃仪器。此时，马老师提问学生，还有哪些玻璃仪器可以替换集气瓶，又比集气瓶更容易捕获燃烧产物呢？同学们广开言路、集思广益、教师适时点拨、展示多种化学仪器。不少同学想到了分液漏斗、U形管、后具支试管等，于是又设计出图 4-14 所示的几个实验装置。

像图 4-14(a) 实验，U 形管（18 mm×180 mm）具有抽气的作用，有利于燃烧产物在其中流动，从而促进水蒸气在管内降温、液化；当看到管壁上有明显的水珠后，再将 U 形管正立，快速向其中倒入适量的石灰水，振荡，石灰水变浑浊。

在图 4-14(b) 实验中，一开始分液漏斗的旋塞必须打开，以便于气体对流；水蒸气在上升的过程中能得到有效的冷却，从而在漏斗内壁、颈管内壁大量液化。当观察到有水珠出现后，关闭分液漏斗的旋塞，并快速将其正立，然后向漏斗口内倒入少许石灰水，振荡，石灰水变浑浊。

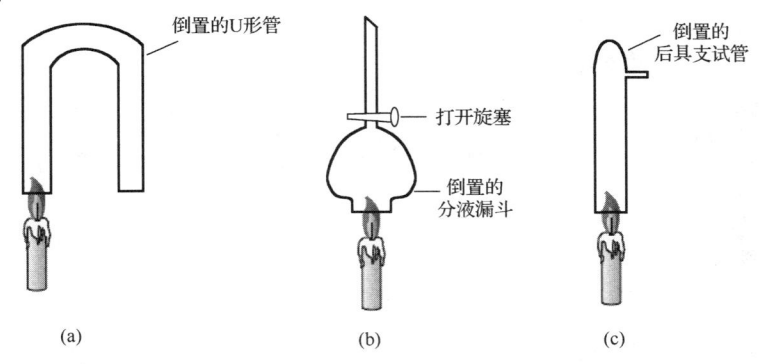

图 4-14 学生改进装置

按图 4-14(c)进行实验时，试管的后具支具有抽气的作用，使得燃烧产物在试管里较快地上升，有利于水蒸气液化；当看到试管内壁的水雾后，再将试管正立，并倒入适量的石灰水，振荡，石灰水变浑浊。

图 4-14 所示的三种改进方案，基于原型诱导，无论是操作方法还是实验现象，都比图 4-13 所示的改进方案更优化；虽然是仿造，但已渗透新的元素，是对原实验的升华。

设计意图：在学会替换方法的基础上，模仿创新思路，选用可尝试的仪器，大胆创新。

四、组合方法

组合方法指的是把已有的化学仪器、药品及实验方法进行组合，从而达到 1+1＞2 的效果。

案例 4-12 "二氧化碳性质"的组合实验设计[17]

徐州市第十三中学的马老师发现现行各种版本的《义务教育课程标准实验教科书·化学》在"二氧化碳"课题中，集中安排了多个有关二氧化碳性质的实验。完成这些实验需要的仪器多、药品用量大、有些操作也很麻烦。因此，在课堂上完成这些实验费时、烦琐。针对以上问题，马老师在前人研究的基础上，将有关二氧化碳性质的几个实验组合在一起，取得了良好的教学效果。

实验步骤：

(1) 按图 4-15 所示搭建实验装置，注意：稀盐酸不要提前注入广口瓶。另外，干燥、湿润的蓝色石蕊试纸要分别从玻璃管的两端放入，以防接触；干燥的蓝色石蕊试纸上可以抹一点不干胶，以便固定在玻璃管内壁上；为了突出实验现象，每个玻璃管里可以放置两张湿润的蓝色石蕊试纸。

(2) 检查装置气密性。采用分段法检查装置的气密性，即：先把弹簧夹夹到三通管下方的软胶管上，然后微热（双手搓热后捂、酒精灯加热或热毛巾捂）广口瓶，如果试管 a_2 里的石灰水中能冒气泡，则二氧化碳发生装置和上面的系列装置均不漏气；取下弹簧夹，再把它夹到三通管上方的软胶管上，然后微热广口瓶，如果试管 b_2 里的石灰水中也冒气泡，则下面的系列装置也不漏气。

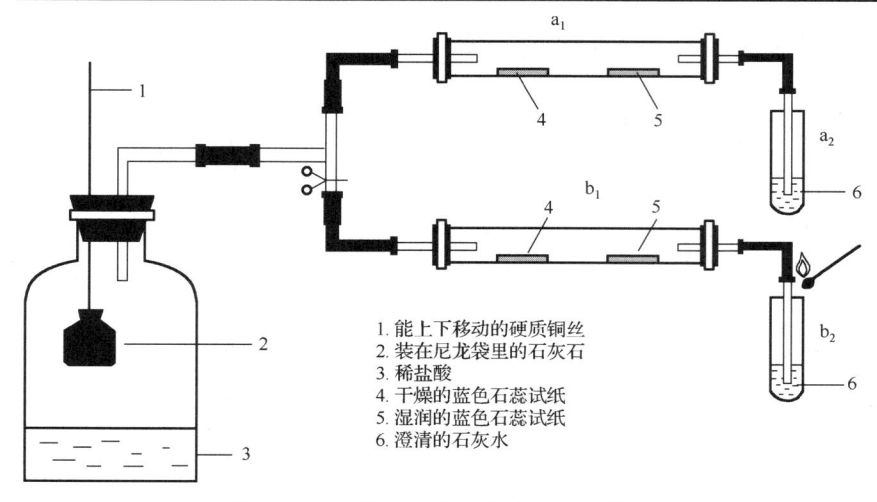

1. 能上下移动的硬质铜丝
2. 装在尼龙袋里的石灰石
3. 稀盐酸
4. 干燥的蓝色石蕊试纸
5. 湿润的蓝色石蕊试纸
6. 澄清的石灰水

图 4-15 二氧化碳性质实验的组合装置

（3）制取二氧化碳。向广口瓶里倒入适量的稀盐酸，按下硬质铜丝，石灰石与稀盐酸接触，立即产生二氧化碳气体。

（4）探究二氧化碳的性质。随着二氧化碳气体的产生，很快可以看到，玻璃管 b_1 内湿润的石蕊试纸由蓝色变为红色、干燥的蓝色石蕊试纸不变色，试管 b_2 里冒气泡且使澄清的石灰水变浑浊；再将燃着的火柴伸到试管 b_2 中，火焰立即熄灭。同时，还可以看到玻璃管 a_1 内的石蕊试纸颜色均没有明显变化，试管 a_2 里也没有气泡冒出，澄清的石灰水无明显变化。

（5）研究碳酸的性质。将硬质铜丝提起来使广口瓶内的反应停止，然后，拔掉玻璃管 b_1 两端的橡皮塞，使石蕊试纸充分暴露在空气中（无须加热），很快就可以看到湿润的石蕊试纸由红色变回蓝色。

设计意图：实验组合科学、巧妙、有趣，对比强烈、现象明显，能很好地激发学生学习化学的兴趣，培养他们的创新精神。几个实验一气呵成，连贯性强；简化了操作，节省了试剂，有利于提高课堂效率。

第四节　教师如何提升实验教学设计艺术

我国著名化学家戴安邦先生说过：化学实验室应该是学生学习最有效和收获最丰富的场所[18]。教师唯有深化实验教学改革，开展实验教学研究，化学实验教学效果方能有所突破。化学实验教学设计是教学设计中的重要环节之一，是教学理论落实于实验教学的关键，是教师日常教学工作的主要内容之一，是衡量化学教师教学水平和业务能力的重要标志。化学实验教学目标的形成与实现，在很大程度上取决于化学教学实验设计。

一、选取有价值的实验问题

"有价值的问题"能形成好的实验问题，它是化学实验教学成功的关键。其一，教师应根据不同年级学生，选取不同难度的实验问题。过难和过易的问题都难以调动学生实验探究的积极性，只有在最近发展区内的问题才能够有效激发学生探究的兴趣。其二，化学实验教学问题应体现教学重点、难点，针对学生学习中的缺陷，激发学生实验探究的兴趣，从而提升学生的化学学科素养。其三，化学实验问题不宜大，不宜复杂，应考虑所在学校的实验条件，使得大部分学生可以短时间内完成[19]。

二、设计多种形式的实验教学情境

化学实验教学情境的创设离不开教学素材。因此，通过多种途径收集素材，是创设化学实验教学情境的首要环节。教师可以查阅有关化学教育书籍、杂志等。此外，随着网络资源的不断发展和完善，互联网越来越成为化学实验教学素材的重要来源。结合教学素材，教师可采用以下策略创设实验教学情境：[20]

首先，结合具体的化学实验教学问题，有针对性地选取不同形式的教学情境。其次，根据学生特点和心理发展需求创设化学实验教学情境，促使学生主动学习、积极探究，让学生在愉悦的情感体验中开展实验探究活动。再次，联系学生的日常生活实际和化学有关的社会问题，充分利用学生已有的生活经验，使学生体会化学对于人类生活与文明的特殊价值，激发学生学好化学实验的兴趣。最后，化学实验教学情境的创设，可以采取多种形式和手段。形式包括实验、问题、故事、化学史实、新闻报道、实物、图片、线图、模型等。手段包括录像、录音、网络平台等现代信息技术的运用，使学生有置身于多重感官的体验之中，有利于落实化学实验教学目的。

三、创设适宜的实验教学环境

适宜的实验教学环境，有利于学生全身心投入到实验的设计与实践中，能提升学生能力。教师首先要保证学生有充裕的实验探究时间和空间，向他们提供做实验的条件，让他们经历如同科学家那样的科研过程。其二，注意倾听学生的发言，促使学生善于表述实验现象、实验过程和实验结果，并做出分析与总结；鼓励学生之间相互争论、评价，为学生提供良好的创新学习氛围。其三，创设开放性的实验空间。鼓励学生在完成规定的实验教学任务以后，提出新的问题，并按照自己的想法设计与探究一些小实验，以此开发学生的实验兴趣和特长。

四、改革化学实验教学评价方法

化学实验教学评价的目的是为了改进化学实验教学。化学实验教学评价具有导向、激励和调控的功能。在评价的过程中教师应注意以下几点：第一，化学实验评价应与化学实验教学一体化，与教师的指导和学生的实验探究活动融为一体。也就是说评价是为了建构更完善的化学课程，应贯穿于选题，制定化学实验计划，开展实验操作，得出实验结论，交流与反思各个阶段，侧重于提升学生探究兴趣，增强学生实验信心。第二，化学实验教学评价既可以评价学生的实验报告、学习记录等纸笔信息，又可以采用录像、课堂观察量表来评价学生的具体表现。评价的设计应符合实用性、可操作性、可信性和准确性等原则，避免烦琐和形式化。第三，评价的目的是为了促使学生反思。学生可以思考自己对什么感兴趣，实验活动中的表现，实验过程中存在什么问题，如何改进自己的实验设计等。反思是学生获得自我感知的方式，是学生主体性的体现和走向自律的有效方式[21]。

参 考 文 献

[1] 毕华林，宋焕刚. 刘知新化学教育思想研究[M]. 济南：山东教育出版社，2008.

[2] 王磊，胡久华. 高中生解决化学实验问题的心理过程及其影响因素的进一步研究[J]. 心理发展与教育，2001(3)：40-46.

[3] 唐建华. 化学实验教学如何培养学生的科学素质[J]. 教育科学研究，2001：40-43.

[4] 王程杰. 中学化学实验教学应以学生发展为本[J]. 化学教学，2001(9)：1-4.

[5] 李春密. 中学物理实验教学研究[M]. 北京：北京师范大学出版社，2018.

[6] 王云生. 新课程化学教与学[M]. 福州：福建教育出版社，2003.

[7] 刘知新. 化学教学论[M]. 北京：高等教育出版社，2018.

[8] 马逸群. 基于实验操作体验水的净化[J]. 中国现代教育装备，2016(24)：27-29.

[9] 刘其凯. "苯"的教学设计[J]. 化学教学，2008(3)：35-37.

[10] 张兴涛，王澍，王保强. 基于中学生决策能力培养的化学教学策略研究——以"氮氧化物的产生及转化"为例[J]. 化学教与学，2018(9)：19-22.

[11] 李德前. 例谈初中化学实验创新的思维方法[J]. 化学教学，2013(3)：65-68.

[12] 王德胜. 化学方法论[M]. 杭州：浙江教育出版社，2007.

[13] 马逸群，魏海. 巧用身边物品改进"物质溶解时的温度变化"实验[J]. 教育与装备研究，2017(1)：79-82.

[14] 马逸群，魏海，李德前. 巧用电子天平探究微粒运动和气体性质[J]. 化学教学，2015(9)：42-45.

[15] 马逸群，魏海. "探究微粒运动实验"系列设计[J]. 化学教学，2014(8)：58-60.

[16] 马逸群，朱红杰. 妙用创新技能 引领学生改进化学实验——以"检验蜡烛燃烧的产物"实验为例[J]. 教学月刊·中学版（教学参考），2017(1.2)：92-95.

[17] 马逸群. 二氧化碳性质实验的组合设计[J]. 化学教学，2011(4)：46-47.

[18] 赵华. 高中化学实验教学的问题与对策[J]. 化学教育，2013(9)：53-56.

[19] 叶佩玉. 关于化学实验教学中研究性学习的思考[J]. 教育发展研究，2001(8)：49-51.

[20] 郑长龙. 化学实验教学情景及其创设策略研究[J]. 化学教育，2004(12)：17-20.

[21] 教育部基础教育司，教育部师范教育司. 综合实践活动的实施与管理[M]. 北京：高等教育出版社，2004.

第五章　化学教学板书设计的艺术

> 板书是化学教师在备课过程中的艺术结晶，需要化学教师用心构思、提炼、创造。每一幅新颖别致、独具个性、富有美感的化学板书的出现，都是化学教师精心创造的作品。我们提倡在教学过程中重视板书的规范性与科学性，更提倡教学板书设计的艺术性。只有这样，教学板书才能更好地为化学教学服务。

第一节　化学教学板书设计的原则

化学教学板书作为化学教学过程中的一个重要组成部分，在训练学生科学思维方面起着独特的作用。板书设计是化学教师运用黑板以凝炼的化学语言、图形和图表等概括地传递教学信息的化学教学行为。化学教学板书设计既是教师应当具备的教学基本功，又是教师必须掌握的一项基本教学技能。精心设计的化学板书可称为形式优美、重点突出和高度概括的微型化学教科书[1]。

化学板书也是化学教学设计艺术中容易被化学教师忽略的环节，正如牛津大学出版社出版的《教育学》中提出的：所有直观教具中，板书最灵活、最普遍。也许是因为过于熟悉，导致许多化学老师利用板书的能力不足，这些化学老师还从未探索过那些令人兴奋的各种可能的办法。在探索板书设计艺术的过程中，教师应遵循以下原则[2, 3]。

一、目的性

化学教学板书的设计要体现目的性，即"知识性"与"教育性"，两者相得益彰、相互统一。在化学教学中，板书运用得好，可以引导学生把握教学重点，理解教学内容。要做到这一点，教师的板书必须重点突出、详略得当、内容精练、版式精美，且能启迪学生思维，培养健全人格。这是衡量化学教师教学水平的重要标志[1]。

二、层次性

鉴于化学教学过程具有较强的层次性，化学教学板书也应层次分明。在课堂教学中，教师的板书和口头讲述往往是同步进行的。与口头讲述相比，板书的优势是直观、形象，便于观察和记录。教师应充分发挥板书的优势，设计出有条理、主线清晰和重点突出的板书，从而有效增强教师讲解的内容，便于学生理解和记忆。

三、准确性

化学教学板书的准确性既表现为板书内容要客观、准确无误地反映化学教材，又表现为板书内容要体现出教师的教学设计意图。板书内容应体现出化学教材内容的整体性，突出重点,并做到整体性与重点性的统一,这对学生把握教材的整体结构、提升思维能力有着重要意义。

四、实用性

化学教学板书是为化学教学服务的,所以要有实用性。板书的实用性体现在两个方面:对教师而言能够落实教学计划,便于提纲挈领,有助于深化教学内容和增强教学效果;对学生而言便于观看和记忆,能够总结知识和提升思维能力。

五、趣味性

化学教学板书的趣味性指的是板书形式生动有趣,给予学生极强的视觉震撼。板书不仅体现了教材编者有条不紊的思路,还表现了教师有趣的教学创意,对指导学生掌握"学习思路"产生深刻的影响。构思和构图妙趣横生的教学板书能给人一种"出乎意料之外,又在情理之中"的感觉,能有效地调节学习氛围,提升学生学习的兴趣。

六、审美性

化学教学板书不仅仅是教材的反映,更是设计者对教材审美的判断,是教师审美意识和审美情趣的集中体现。化学教师应该站在美学高度,挖掘教材中的自然美、科学美,设计出富有美感的板书,用以培养学生感知美和理解美的能力,从而提高学生的美学素养。板书之所以能给人以美感,在于板书内容完美、语言精炼,内部组合安排得严谨、有序、巧妙,可以起到形象传神、激情引趣和拓展思维的作用。

七、多样性

化学教学板书的多样性指的是打破固定模式,根据化学教学的内容设计出活泼多样的化学教学板书。多样性主要表现为要根据教学目标、教材内容和教师讲课需要选择多种表现形式,例如板画式、对比式、鱼骨式、网络式和坐标式等,力求体现一节课、一个章节的独特性和化学教学内容的系统性。

八、创新性

化学教学创新的主要表现之一是板书创新。化学教师要以新颖、独特的化学教学板书推动化学教学的创新。板书创新主要是从内容到形式的创新,是化学教师教学风格的体现。每位化学教师根据自己对化学教材的理解,创新出的板书内容或形式,是个人教学个性魅力的独特表现。

第二节 化学教学板书设计的形式

要让化学教学板书发挥其艺术魅力,不仅要在内容上下功夫,还要在形式上有创意。在正确引导所授化学知识的前提下,美化板书形式,强化教学重点,能够加深学生对化学知识的理解。化学教学板书设计艺术可采用如下形式[3]。

一、板画式

在化学教学板书设计中,如果能够结合板画的艺术,便可以增加板书的形体美与直观美,辅以简单的文字说明,便能够化抽象为具体,便于学生记忆和理解。以人教版高中《化学(选修 5)有机化学基础》"有机化学物分类"为例,其板书设计如图 5-1 所示。

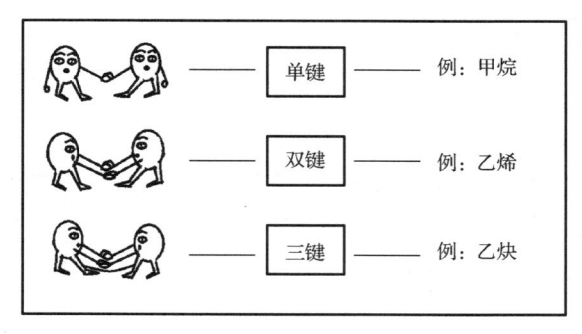

图 5-1 "有机化学物分类"板书设计

二、对比式

通过对比,解释化学概念、规律和方法等内容之间的相似性或差异性,如能充分挖掘它们之间的区别和联系,加强联想,便于记忆[4]。利用对比效应设计板书,就能帮助学生区分异同、明辨是非,有助于学生发展逻辑思维。以苏教版必修化学 2 "常见的同素异形体"为例[5],其板书设计如表 5-1 所示。

表 5-1 "常见的同素异形体"板书设计

	化学式	气味	颜色			溶解性
			气态	液态	固态	
氧气	O_2	无味	无色	淡蓝色	淡蓝色	难溶于水
臭氧	O_3	鱼腥味	淡蓝色	深蓝色	紫黑色	比氧气的溶解度大

三、鱼骨式

鱼骨图能够表示结构构成关系,能够清晰地表达知识结构体系,有利于学生厘清关系,加深对知识的理解。以苏教版必修化学 1 "铝土矿中提取铝"为例,其板书设计如图 5-2 所示。

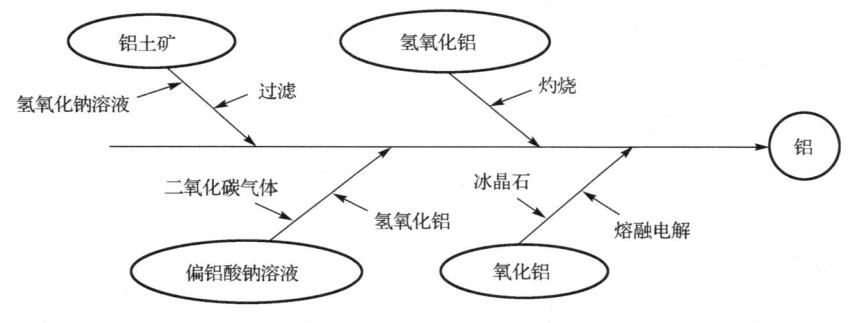

图 5-2 "铝土矿中提取铝"板书设计

四、网络式

网络式板书辅以一定意义的箭头、符号等组成某种文字和图形组合,直观地反映教学的主题及各部分的内在联系,便于学生了解全貌,整堂课脉络一目了然。以"制碱法"为例,其板书设计如图 5-3 所示。

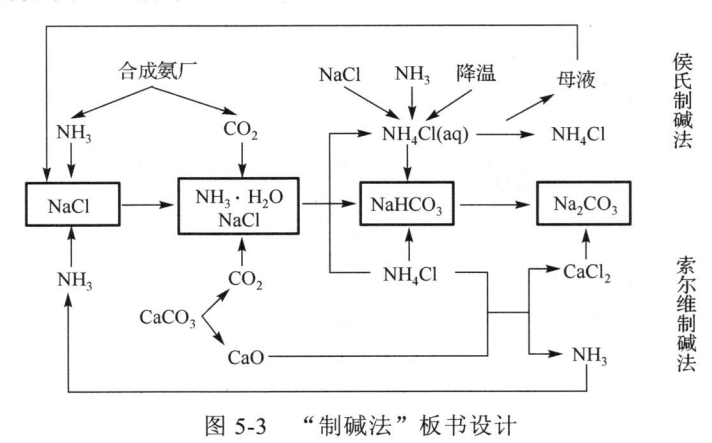

图 5-3 "制碱法"板书设计

五、坐标式

以坐标形式展示和剖析各知识点之间的关系。坐标式板书立体感强,通过坐标轴全面梳理和归纳化学知识,并将它们串成一条线、连成一个面,有利于学生自主构建和转化知识。以苏教版必修化学 1 "氮及其化合物"为例,其板书设计如图 5-4 所示。

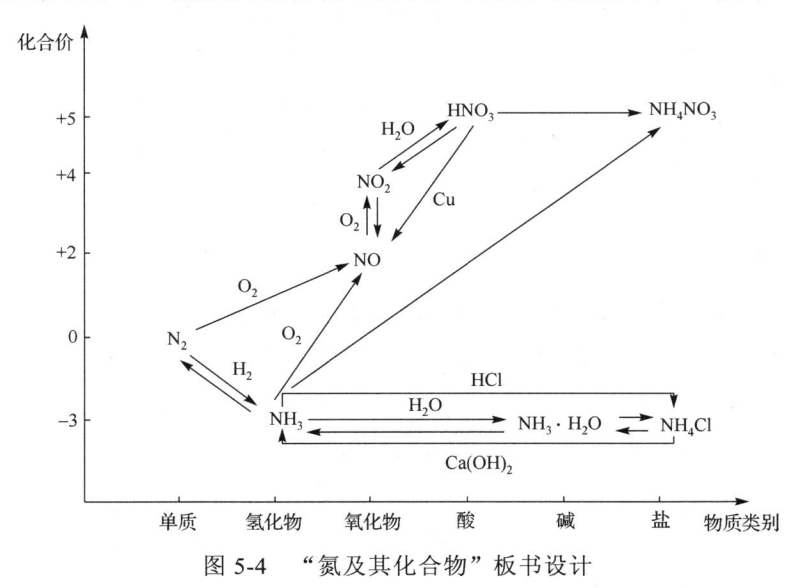

图 5-4 "氮及其化合物"板书设计

六、凸显主题式

先概括本节化学课的核心知识点,再按一定顺序书写,最后以简单的线条勾勒出本节课的主题，从而凸显整个教学内容的重点。这种板书构思精巧，能够加深学生对知识的理解。以上教版化学九年级上册"燃烧与灭火"为例，其板书设计如图 5-5 所示。

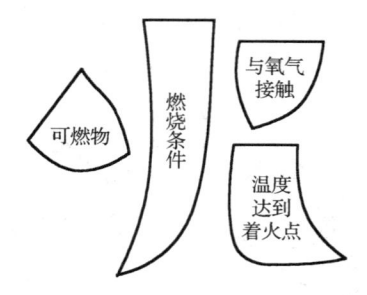

图 5-5 "燃烧与灭火"板书设计

七、线条变化式

通过文字即简单的符号（线条、箭头等）组成简单的图案，从而形象地展现出化学教学内容。这种板书对化学教材高度凝练，给学生一种简单准确、一目了然的感觉。以"几种常见的盐"为例，其板书设计如图 5-6 所示。

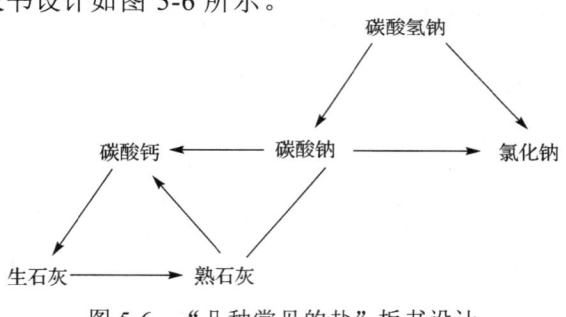

图 5-6 "几种常见的盐"板书设计

八、提示式

通过简单的图示、问题，巧妙地展示出化学知识点之间的关系，解除学生的困惑，提升学生的思维能力。以人教版选修 3 物质结构与性质"分子的立体构型"为例，其板书设计如图 5-7 所示。

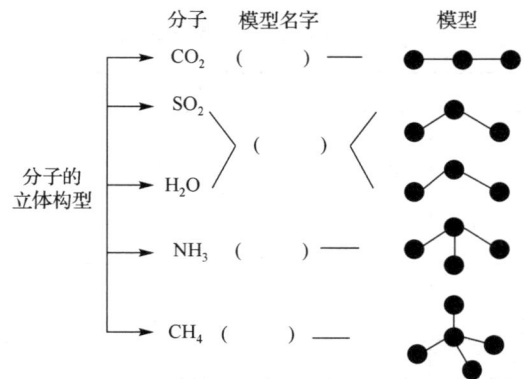

图 5-7 "分子的立体构型"板书设计

九、对称式

这类板书上下左右比较对称,能将教学内容简明、系统地呈现出来,便于学生记忆。以苏教版必修化学 2 "元素周期表"为例[5],其板书设计如图 5-8 所示。

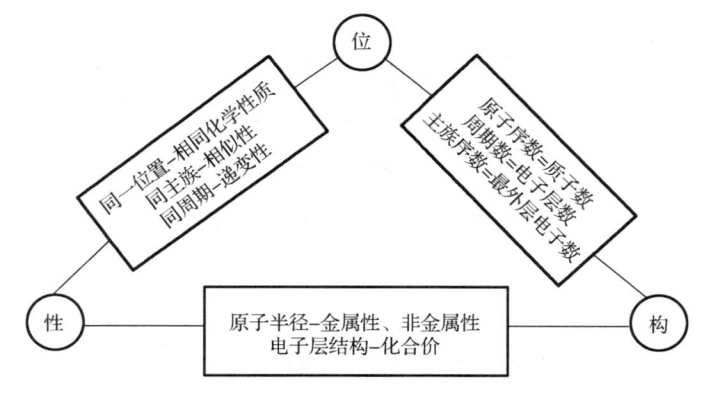

图 5-8 "元素周期表"板书设计

以上教版化学九年级上册"燃烧与灭火"为例,其板书设计如图 5-9 所示。

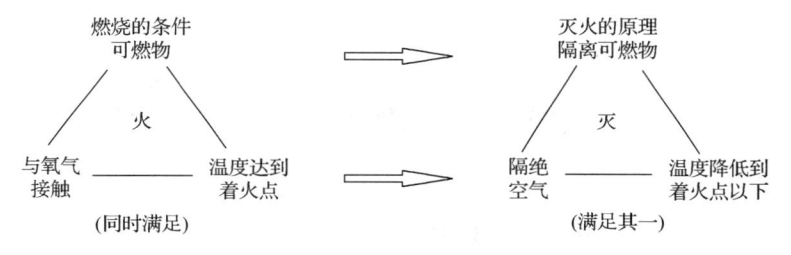

图 5-9 "燃烧与灭火"板书设计

十、表格式

表格能将零散的知识以简约明了和整齐对称的形式呈现出来,便于系统地梳理知识。设计表格式板书时,要注意选好表目、厘清内容和对照关系。以苏教版必修化学 2 "太阳能、生物质能和氢能的利用"为例,其板书设计如表 5-2 所示。

表 5-2 "太阳能、生物质能和氢能的利用"板书设计

	实例	能量转化方式		
直接利用	植物的光合作用	光能	转化为	生物质能
	太阳能热水器			热能
	太阳能电池			电能
	光解水制氢气			化学能
间接利用	火力发电	太阳能	间接转化为	热能、机械能、电能
	化石燃料			化学能
	生命活动			热能

十一、线索式

在线索较明显的教学内容中，可以通过各种信息，按特定顺序将知识点排列，提纲挈领地概括出该节课的核心知识点，力求用新颖、形象、多样的形式激发学生的兴趣。以苏教版必修化学2"苯"为例，其板书设计如图5-10所示。

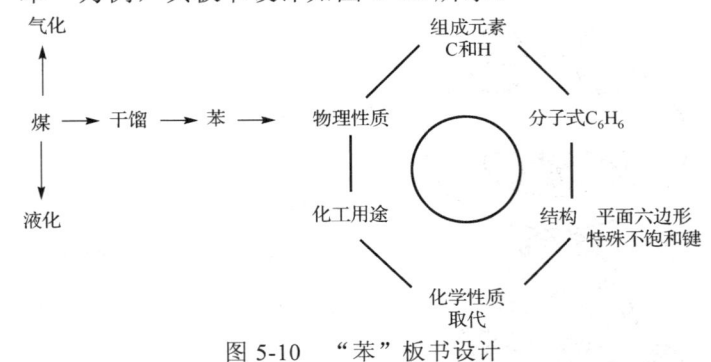

图5-10 "苯"板书设计

十二、提问式

结合教学重点、难点设计进阶性的问题，引发学生思考，加深对所学知识的理解。以"溶液的酸碱性"为例，其板书设计如图5-11所示。

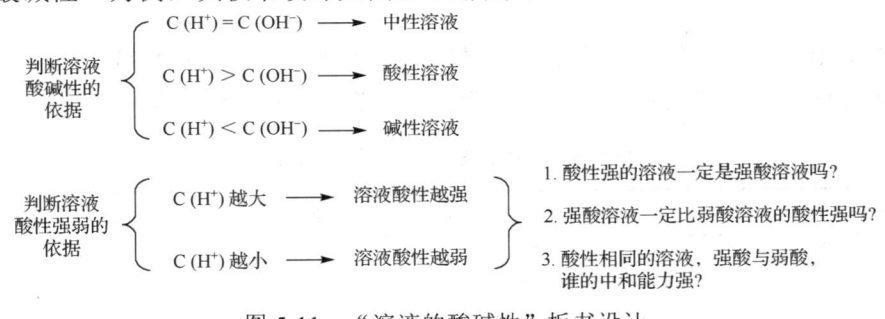

图5-11 "溶液的酸碱性"板书设计

十三、纺锤式

纺锤式板书用于揭示多层次、多头绪的化学知识。脉络分明、简单直观的纺锤结构，使得学生更清晰地获得新学知识的结构关系。以人教版高中《化学(选修4)化学反应原理》"盖斯定律"为例[5]，其板书设计如图5-12所示。

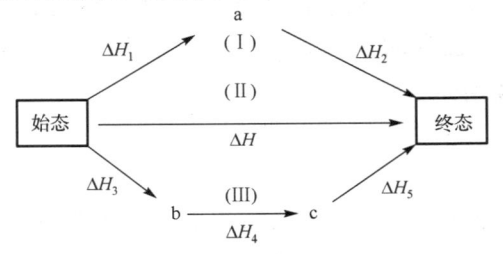

图5-12 "盖斯定律"板书设计

十四、微缩式

将一节课的主要内容用最简要的文字和图像展示出来,使所学内容的主旨得到揭示,使得该节课的知识点以高密度的信息储存起来。以"物质的转化"为例,其板书设计如图 5-13 所示。

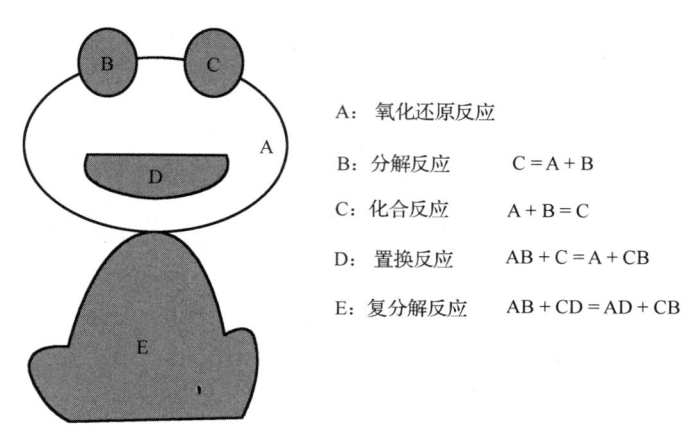

A:氧化还原反应

B:分解反应　　C = A + B

C:化合反应　　A + B = C

D:置换反应　　AB + C = A + CB

E:复分解反应　AB + CD = AD + CB

图 5-13　"物质的转化"板书设计

十五、练习式

板书中留出适当的空位,引导学生通过填空理解化学概念、原理或实验方法,提升思维能力和表达能力。以"物质的分散系"为例,其板书设计如表 5-3 所示。

表 5-3　"物质的分散系"板书设计

分散系	溶液	胶体	浊液
分散质粒子直径			
能否通过滤纸			
能否通过半透膜			
稳定性			

十六、导图式

利用思维导图设计板书,引导学生观察、思考并画出与化学实验相关的化学反应装置及反应原理的相关信息,对不同角度的内容使用不同的图标[6],例如有关实验安全的用"！"图标。通过直观的图像,让学生轻松地学习、思考。以"乙酸乙酯"为例,其板书设计如图 5-14 所示。

十七、偏幅式

将板书内容偏向某一方面,整理出核心知识点,突出难点、重点,引起重视,便于记忆。以"化学能与热能"为例,其板书设计如图 5-15 所示。

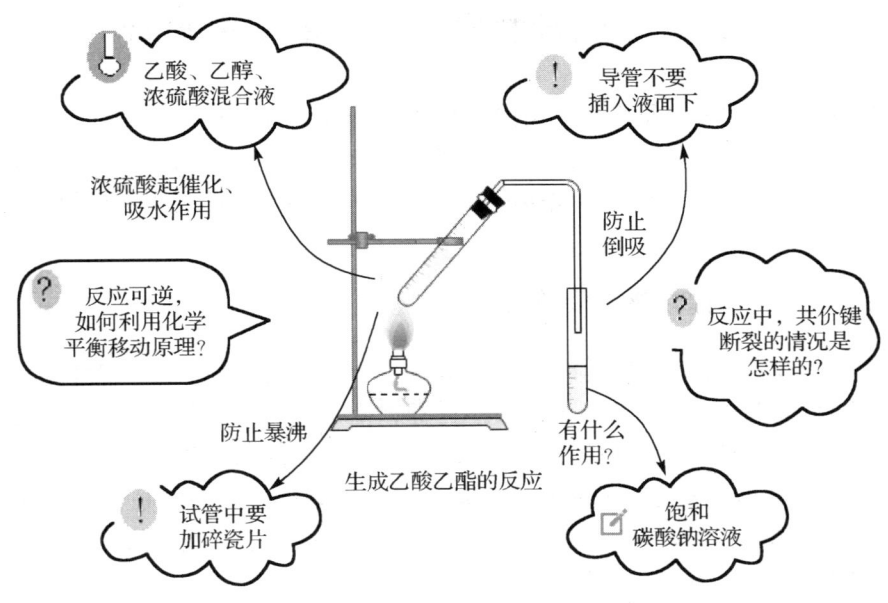

图 5-14 "乙酸乙酯"板书设计

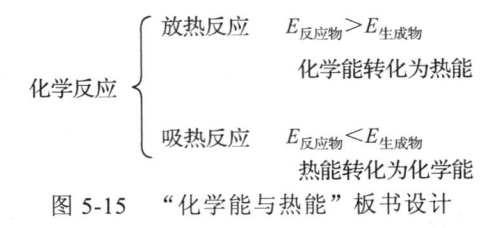

$$
\text{化学反应}\begin{cases}\text{放热反应} \quad E_{\text{反应物}} > E_{\text{生成物}} \\ \qquad\qquad \text{化学能转化为热能} \\ \text{吸热反应} \quad E_{\text{反应物}} < E_{\text{生成物}} \\ \qquad\qquad \text{热能转化为化学能}\end{cases}
$$

图 5-15 "化学能与热能"板书设计

十八、图画式

教师使用生动形象的图画表达化学教学内容，激发学生的想象力。以"化学反应速率"为例[5]，其板书设计如图 5-16 所示。

能量较低　　取向不对　　有效碰撞

有效碰撞：能够发生反应的碰撞

条件：发生碰撞的分子具有较高的能量；分子在一定的方向上发生碰撞。

图 5-16 "化学反应速率"板书设计

第三节　化学教师如何开展板书设计

化学教学板书是化学教师普遍使用的一种教学手段和表现形式，是师生在课堂上视觉交流的渠道之一。好的板书如同一把钥匙，能够开启化学智慧之门。教学板书是化学教师的重要教学技能，是化学教师教学风格的凝练和浓缩。化学教师要想应用板书设计艺术，应具备以下几方面的素养[7]。

一、具有深入分析与提炼教材的能力

深入分析化学教材是板书设计的基础。深入分析教材是指厘清化学教材内容的层次，把握住化学教材内容的主线，弄清化学教学目标、重点与难点。提炼教材是指在深入分析教材的基础上，对化学教材进行精加工，大胆而合理地剔除那些不重要的信息，添加重要信息，才能条理清楚地概括化学教材内容。课堂上学生记忆最深刻的是化学教学板书内容，板书设计不仅要将教材内容有条理地写到黑板上，让学生一目了然地掌握所学化学知识，还要有意识地帮助学生对所提供的材料进行分析、归纳与总结。

二、具备审美素养

化学教师的审美意识、审美知识及审美情趣决定了化学教学板书设计的水平。化学教师是科学知识美的耕耘者、科学实验美的开拓者、科学方法美的教育者，要以美的标准设计板书、使用板书，达到以美启智的教学目的。因此，作为课堂上化学教师的书面代言者，板书便成为科学之美的化身。

三、拥有较高的专业知识水平

专业知识是化学教师内在素质构成的主要因素，又是化学教师能力发展的条件。化学教师的板书艺术，同样也基于专业知识的积累。一个专业知识水平较低的教师很难设计出具有科学性与艺术性的板书，化学教学板书也将变得索然无味。

四、具有创造性思维能力

化学教师的创造性思维能力有助于提升化学教师板书设计艺术。一个没有创造性思维能力的化学教师，不可能在化学教学板书上有新的突破和创意。化学教学是一门艺术，化学教学的每一个环节都重在化学教学设计和创意，化学教学板书更是这样。独特的、创新的、富有个性的、极具审美价值的化学教学板书，需要具有创造性思维的化学教师来完成。

参 考 文 献

[1] 赵金美. 谈板书设计[J]. 山东教育科研，1996(3)：14-15.

[2] 彭小明. 教学板书设计论[J]. 教育评论，2005(6)：69-72.
[3] 刘显国. 板书艺术[M]. 北京：中国林业出版社，2017.
[4] 李德前. 例谈初中化学教学的板书设计[J]. 化学教学，2012(3)：22-25.
[5] 牛胜玉. 等 学霸笔记高中化学[M]. 长沙：湖南师范大学出版社，2016.
[6] 张兴涛. 思维导图在化学教学中的实践探索[J]. 化学教学，2017(2)：49-52.
[7] 彭小明. 教学板书设计系统论[J]. 教育评论，2003(04)：63-65.

第六章 化学习题教学的艺术

> 好的教育努力防止使学生心灵受到伤害的环境和因素出现。好的老师懂得什么时候某个具体的学习体验是否过于困难或过于容易,懂得任何一种学习情境对不同的学生来说可能是积极的挑战,也可能带来消极的情绪。所以,当两个不同的学生在不同的场合请求教师帮忙解释一个类似的习题时,教师可能会适当地提示一位学生解决问题,而鼓励另一位学生继续独立思考解决问题[1]。可见,习题教学是难的,没有固定的解决办法,需要化学教师从学生的角度看待问题,并给予恰当的指导。

第一节 化学习题的功能

一、教育价值导向的功能

化学习题具有三种教育价值导向功能:学科价值、社会价值和人本价值。其一,学科价值指的是化学习题能够强化化学重点和难点知识,系统归纳知识,也能够促进知识的迁移和应用;化学习题能够训练思维,提升解决问题的能力。例如,实验类习题能训练学生的观察能力、操作能力、推理能力和综合运用知识解决问题的能力;问答题、分析题和短文题可以提高学生的归纳能力、分析能力和化学表达能力。其二,社会价值指的是化学教育要面对学生的不同需要,既要满足学生毕业后在生活、工作中应具备基本的科学素养,又要满足学生升学后进一步学习化学的需要,培养他们的探究与创新能力。化学习题应以科学性为原则,以实验为基础,联系学生生活经验及相关的社会问题,展示化学本身特有的魅力。其三,人本价值是核心。化学习题应以学生为本,满足不同学生的兴趣和特长。化学习题无论在数量还是在形式上应有更大的弹性,从而为学生提供更大的选择空间[2]。

二、活化知识与优化思维

化学习题教学既是正文内容的延伸和补充,也是后续学习的铺垫。通过化学习题教学,学生不仅能巩固和深化本节课所学的化学知识,提高分析与解决化学问题的能力,还可以加强对比较与分析、归纳与演绎、综合与迁移、抽象与概括等一系列思维活动的训练,从而提升探究与创造性思维能力。可见,化学习题教学不但直接影响学生对化学学习的积极性,而且关系到学生思维能力的训练[2]。

三、沟通反馈的功能

化学习题教学具有沟通反馈的功能。教师通过习题教学及时获得有关学生学习情况的各项信息,包括薄弱环节及存在的问题,从而及时调整教学计划,优化教学方法,抓住重点,

第二节 化学习题设计的原则

一、目的性原则

在设计化学习题时，教师要做到心中有数，围绕本节课的教学目标，设计多层次、多类型的习题，促使学生通过化学习题加深对本节学习内容的记忆与理解，促使学生掌握解题技巧与提高解题能力。例如，以化学主干知识或核心知识为载体的习题，题型上包括工艺（或实验）流程题、有机推断题和科学探究题，主要用来考查学生化学学科核心素养，体现元素观、微粒观及分类观等化学基本观念。再如，变式习题能有效减轻学生负担，避免"题海战术"，帮助学生巩固所学知识，提升思维能力。教师通过变换习题情境、条件和结论，调整题型等方法，针对学生普遍存在的问题，有重点地进行变式教学，使全体学生有效地参与到习题教学中，提高习题教学效率[3]。

二、科学性原则

科学地设计习题可以更好地发挥习题的功能和作用，其科学性不仅体现在内容上，还体现在形式上。习题表述应使用规范语言、专业术语和计量单位，其中涉及的图和表要清晰、准确、规范。编制习题时，教师应使用学生容易理解的文字或词汇，避免使用复杂的句子结构或不必要的难词、生僻字，以免学生难以读懂，导致解题困难[4]。

三、关联性原则

教师应当选择与所学知识点密切相关的习题，同时要有所扩展与提升，让学生在最近发展区内，在自觉、自主解题的过程中体验到成功的乐趣[5]。习题教学中，教师在帮助学生理解所学的化学概念和化学原理的基础上，应有计划地选择有一定能力要求的化学习题对学生进行训练。教师还可以结合新学知识编制"原创习题"，有针对性的、陌生的问题情境能更有效地提升解题能力[4]。

四、层次性原则

学生的学习能力和学习风格不同，对所学内容的掌握也自然存在差异。在布置课外习题时，教师可根据不同类型的学生布置不同层次的课外习题。例如，对于基础知识相对薄弱的学生，可布置巩固知识的习题；对于能力较强的学生，可布置具有挑战性的习题。这样就不会存在有的学生因解题困难而产生厌倦；有的学生因题目缺乏挑战而失去兴趣。

五、情境性原则

具有情境性的化学习题，能够引发学生情感共鸣，激发解题兴趣。化学习题的编制要与现实生活中的素材相结合，使化学习题贴近现实生活，让学生感受到化学与丰富多彩、千变万化的现实生活，与社会生产密切相关，认识到思考和解决化学习题能够帮助自己解决现实中的问题，从而产生化学学习兴趣。

六、开放性原则

法国学者埃德加·莫兰认为：由于分割与封闭的专业化、抽象与单向度的虚假合理性导致我们的知识是分离的、被肢解的，而现实中的问题却愈加多学科、横向延伸、多维度、总体性和全球性，这两者之间的不适应变得日益宽广、深刻和严重[6]。可见，我们应当打破封闭性习题的单一性，增加对开放性习题的设计。封闭性习题由于答案的唯一性，不利于学生创造力的培养。封闭性习题因其与实际问题情境相差甚远，所以难以产生迁移效应。开放性习题答案不唯一，要求学生大胆思考与创新，不仅有利于知识的迁移，还可以提高学生发散性思维能力。

第三节　化学习题讲解的原则

在习题课上，学生往往一听就会，一做就错。为巩固学生对知识的记忆，教师会布置较多的习题，从而给学生造成压力。如何通过化学习题课，让学生学会思考，通过做较少的习题取得较好的学习效果，以下习题讲解原则值得关注[7]。

一、精选精讲的原则

（一）精心选择化学习题

教师选题可采用典型性、层次性与延伸性的原则。其中典型性是指教师可选择那些具有典型性，能够对学生的学习起到普遍指导意义的习题，或选择能训练学生思维和方法的习题。层次性是指习题设计要由简到繁、由易到难。延伸性习题是指在知识点、形式或方法上可以进行生长和变化，拓展学生思维[8]。

（二）精讲典型习题

习题精讲是指教师围绕教学目的，选取典型性的习题，从实际出发，有针对性地讲解，有助于学生举一反三，触类旁通。精讲还包括教师把错误的思路提出来，让学生来分析矫正，加深对知识的理解。

二、注重解法的原则

习题的讲解应注重解题方法的指导，从多角度展开分析：化学习题的类型、解题步骤、解题常用方法、解题的一般规律、注意事项、容易出现的问题等，并在掌握常规思路和方法的基础上，启发新思路，鼓励学生巧解、速解、一题多解的新途径和新方法，不断丰富学生的解题经验，提高解题速度，培养学生的比较、分析和归纳能力。

三、学生参与的原则

习题教学中不要急于讲解，留出学生阅读和理解题意的时间，让学生尝试自己解答，思考自己的解题策略或分析错误解题思路，从而提升解题能力。学生解题的过程中，教师可适当点拨，看看学生是否都理解了题意，思维的着眼点如何，有哪些解题困难，进而对总体情况有一个大致的了解。学生在自主解题、自我反馈中提高解决问题的能力。教师还可以采用学生互助的方式，在课上先让学生分组讨论疑难问题，让小组内学生相互帮助解决疑难问题，再把小组内没有解决的问题收集在一起，然后与其他组交流得出答案，从而提高学生交流合作解决问题的能力。

第四节 化学习题情境的创设

美国化学教材《化学入门》的编写者认为："没有什么比给学生提供大量的、具有指导性的、有助于增强学生自信心的习题更为行之有效了。"可见习题设计对学生的发展具有重要的作用。好的习题，离不开好的情境。化学习题情境可分为以下几类[9]：

一、悬疑类习题情境

悬疑类习题情境是创设具有悬念、暗含证据的问题情境。教师通过呈现与之相关的练习情境以印证所传授的知识，更指向分析、解决问题能力的发展。悬疑性问题情境要求学生身体力行地去追问和求解，蕴含着活动性的要求。

案例 6-1 "酸和碱的中和反应"习题设计

以人教版《化学（九年级下册）》"酸和碱的中和反应"为例，新疆兵团第四师可克达拉市 73 团中学的张老师设计习题教学情境如下：

习题 6-1：有学生在烧杯中加入 5 mL 氢氧化钠溶液，再滴加 2 滴酚酞溶液后，溶液立刻变红，振荡后颜色却消失了，这一简单的实验与预想的现象不同，该生对此不解，"为什么还没加稀盐酸，变红的溶液就褪色了？"面对这种异常实验现象，为了排除实验的偶然性，他又重新做了一遍实验，可变红的溶液又一次褪色，请你设计方案并说明酚酞褪色的原因。

教师：四人一组，猜想褪色的原因，并设计具体的实验方案来证明自己的猜想。经过 15 分钟的讨论，提出的猜想总结如下：

猜想 1：可能是烧杯不干净，烧杯内壁沾有酸的缘故。

猜想 2：可能是酚酞变质造成的。

猜想 3：可能是氢氧化钠溶液与空气中的二氧化碳反应生成碳酸钠的缘故。

猜想 4：可能是空气中的氧气使酚酞褪色。

……

设计的实验方案如下：

方案一：取洁净的烧杯再做一次实验。

方案二：如果酚酞变质了，则氢氧化钠溶液一开始就不会变色，所以猜想 2 错误。（或重新配制酚酞溶液，再进行实验验证。）

方案三：如果氢氧化钠溶液与空气中的二氧化碳反应生成碳酸钠和水，碳酸钠溶液显碱性，也会使酚酞变红，所以猜想 3 错误。

方案四：将配制的氢氧化钠溶液加热赶出其中的氧气，再在加热后的氢氧化钠溶液中滴入酚酞溶液，并在上方滴一些植物油，以隔绝氧气。

为了彻底弄清楚这个问题，学生查阅大量资料，得知酚酞褪色与氢氧化钠溶液的浓度有关。

教师：往褪色的氢氧化钠溶液中加入硫酸铜溶液，会看到什么现象？

学生：看到了蓝色沉淀。

教师：蓝色沉淀是什么物质呢？

学生：氢氧化铜。

教师：有氢氧化铜生成，说明原溶液还是氢氧化钠溶液。请同学们想一想，为什么溶液中还含有氢氧化钠，酚酞还会褪色呢？

学生：老师，我知道了，酚酞褪色是不是与氢氧化钠的浓度有关呢？

教师：我用掌声表达对这位同学的敬佩之情，接下来请同学们设计实验来证明这位同学的猜想。

学生：向褪色的氢氧化钠溶液中加水稀释，看看红色能不能再一次出现。

学生：配制不同浓度的氢氧化钠溶液做对比实验，并观察不同的实验现象。

学生：我还是有些不明白，书上不是讲酚酞遇到碱性溶液就会变红吗？氢氧化钠溶液不管是浓溶液还是稀溶液都显碱性，为什么酚酞在浓度不同的氢氧化钠溶液中会呈现出不同的颜色呢？是不是课本出现错误了？

教师：解释酚酞的变色原理。酚酞是一种弱有机酸，在 pH＜8.0 的溶液里为无色的内酯式结构，所以酚酞试液遇酸性溶液不变色，仍然为无色，准确地说是当遇到 pH＜8.0 的溶液时都应该不变色，而当遇到 8.0＜pH＜10.0 之间的溶液时，才能转变为红色的醌式结构，这就是酚酞变红的原因。但是这种醌式结构在碱性介质中很不稳定，当遇到 pH＞10.0 的碱性溶液时，就会生成无色的羧酸盐式结构。所以酚酞开始变红，很快红色褪去变为无色。

二、复杂的习题情境

复杂的习题情境是指将生产生活中复杂的问题设计成习题，让学生利用化学知识解决一个个基本上未被简化的事件。这种化学习题是多元的、开放的和不断变化的。与简单情境的习题不同，学生仅根据书本的知识来解题，很难获得正确答案，即无法发展他们应用知识解决实际问题的能力。相比简单的习题情境，复杂的习题情境更能够激发学生探究的欲望，磨砺学生的意志，锻炼学生思维能力和解决问题的能力。

案例 6-2 "氮氧化物的产生及转化"习题设计[10]

徐州市第三十六中学的张老师设计习题教学如下：

习题 6-2：(1)结合我们探究学习的氮氧化物的相关知识，想一想在夏天雷雨后，植物生长非常茂盛的原因是什么？

(2)NO 和 NO_2 均为有毒气体，是不是对身体没有一点好处？

(3)工业生产和汽车尾气排放出的氮氧化物，有哪些危害？如何解决氮氧化物的污染问题？

学生：课堂讨论和课后查阅资料相结合解决问题。

设计意图：设计复杂的习题，并要求学生自行决策、自主学习，拓展了学习的渠道和知识面，培养学生证据推理、科学精神和社会责任等核心素养，让学生领悟化学学科的魅力。

三、典型事件的习题情境

要学习某种化学知识，与其相关联的事件有很多。教师可以选择最具典型意义的事件作为习题教学情境。这样的事件所包含的问题最适合化学习题教学活动，能激发学生的探究兴趣，同时又能产生矛盾冲突，进而吸引学生的注意力和引起他们的情感共鸣。

案例 6-3 "CO_2 不能供给呼吸的议题" 习题设计[11]

徐州市第十三中学的马老师以 CO_2 不能供给呼吸的议题为例，设计习题如下：

习题 6-3：当空气中 CO_2 的浓度达到 1.0% 时，对人有害处；达到 5.0% 时，感到气喘、头晕；达到 10.0% 时，会不省人事，呼吸渐停，以致死亡。几千年来，因为菜窖、深洞、枯井内 CO_2 浓度过高引起的伤害事故屡有发生。CO_2 密度比空气大，易在地面以下的深洞、枯井里聚集；由于植物的呼吸作用，菜窖里 CO_2 浓度更大。在生产生活中，要预防 CO_2 使人窒息的悲剧发生，就要掌握 "测量 CO_2 浓度是否有害" 的简便方法。"灯火试验法" 是否可靠？请大家设计实验方案，运用实验数据来诠释这个问题。

学生活动：准备多个 500 mL 集气瓶（实际容积约为 620 mL），其中 5 瓶盛有常态空气，另外 20 瓶分别盛有 CO_2 浓度为 5%、8%、12%、16% 的 4 种空气（各 5 瓶）。试验气的配制方法是（以 CO_2 浓度为 8% 的空气为例）：先量取约 49.6 mL 水倒入集气瓶，再用排水法在此集气瓶里收集 CO_2，当看到有气泡冒出时停止收集，即得 CO_2 浓度为 8% 的空气。将长约 3 cm、灯芯长度相同的蜡烛，点燃后分别伸入上述 5 种试验集气瓶里，记录蜡烛在集气瓶中燃烧的时间。测定结果见表 6-1（每组测 5 次，取平均值）。

表 6-1 同样的蜡烛在 CO_2 浓度不同的空气中燃烧的时间

空气中 CO_2 浓度	蜡烛燃烧的时间/s					
	第 1 次	第 2 次	第 3 次	第 4 次	第 5 次	平均值
0.03%（常态空气）	32″98	32″78	32″42	32″28	32″63	32″61
5%	26″40	26″22	26″71	26″61	26″25	26″44
8%	19″11	19″02	19″52	19″05	19″66	19″27
12%	8″69	8″32	8″63	8″90	8″37	8″58
16%	0	0	0	0	0	0

结论：本实验虽不够精确，但能说明当空气中 CO_2 的浓度已能对人体造成严重危害时（如 5%），蜡烛却能持续燃烧近 30 s，所以 "灯火试验法检验 CO_2 浓度是否有害" 具有很大的安全隐患。

习题 6-4：可否应用澄清石灰水检验二氧化碳？

学生活动：取多个 125 mL 集气瓶（实际容积约为 150 mL），其中 5 瓶盛有常态空气，另外 15 瓶分别盛有 CO_2 浓度为 0.5%、1%、6% 的 3 种空气（各 5 瓶）。向集气瓶里分别加入 10 mL 澄清石灰水，振荡。实验现象见表 6-2。

表 6-2　澄清石灰水在 CO_2 浓度不同的空气中变浑的情况

空气中 CO_2 浓度	澄清石灰水变浑的情况				
	第 1 次	第 2 次	第 3 次	第 4 次	第 5 次
0.03% （常态空气）	不变浑	不变浑	不变浑	不变浑	不变浑
0.5%	不变浑	不变浑	不变浑	不变浑	不变浑
1%	明显变浑	明显变浑	明显变浑	明显变浑	明显变浑
6%	很快变浑	很快变浑	很快变浑	很快变浑	很快变浑

结论：在常态空气中难以变浑的石灰水，在 CO_2 浓度为 1%（最低有害浓度）的空气中会明显变浑，所以"用澄清石灰水检验 CO_2 浓度是否有害"比较可信。

习题 6-5：如何利用透明塑料瓶和细绳，设计一个"地窖空气收集器"，使人站在地面上就能方便地获得地窖、深井中的空气样品。

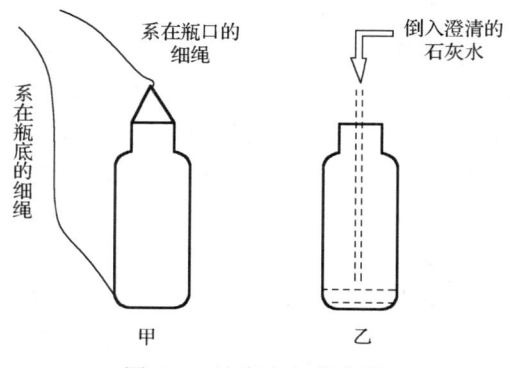

图 6-1　地窖空气收集器

学生展示：制作"地窖空气收集器"（见图 6-1 甲），并介绍使用方法。即将装满水的塑料瓶吊入地窖，然后提起瓶底的细绳倒出瓶中的水（地窖里的空气就进入了塑料瓶），再将塑料瓶提到地面，向其中倒入少许石灰水（见图 6-1 乙），振荡。若石灰水变浑浊，就说明 CO_2 浓度对人体有害，人一定不能进入。

设计意图：要找准合适的切入口融合典型案例，从而使化学基础知识与生活浑然一体。通过一系列的探究习题，引领学生积极利用化学实验手段解决生产生活中的化学问题，这样就能不断建构学生的科技伦理意识，激发学生的批判性思维。

第五节　化学习题教学创新设计

习题教学艺术的重要体现是创新。教师应充分尊重学生的主体性，通过习题引导学生主动发现和探索问题；应充分挖掘学生的潜能、帮助学生树立自信心，促使学生主动探索，勇于挑战。习题设计应摆脱枯燥、乏味、机械重复，做到灵活、新奇、有趣。习题类型应多样化，充分体现创新性，拓展学生思维，提升解题兴趣。

一、发展性习题设计

（一）拓展化学学习空间

发展性习题主张化学知识与生产、生活、技术或环境相结合，提倡学生解决真实的问题，培养化学学习兴趣。

案例 6-4 "水的净化"发展性习题设计[12]

徐州市第十三中学的马老师以沪教版《化学（九年级上册）》"水的净化"为例，同时兼顾人教版《化学（九年级上册）》"水的净化"，整理和设计习题如下：

习题 6-6：天然水分别经过下列净化操作后，一定能得到软水的是（　　）。

A. 沉降　　B. 过滤　　C. 吸附　　D. 蒸馏

习题 6-7：明矾可用于净水，是因为明矾溶于水生成的胶状物可以_____悬浮于水中的杂质，使之从水中_____出来。

习题 6-8：简易净水器处理后得到的水澄清透明（如图 6-2 所示），它是纯净水吗？如果用玻璃棒蘸取少许这样的水，放在酒精灯上灼烧，玻璃棒上会留下什么？

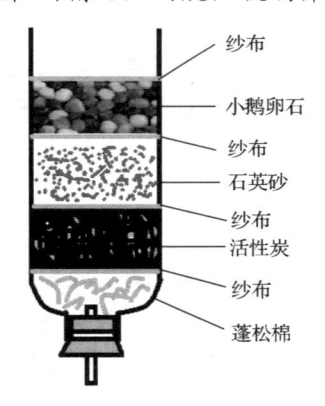

图 6-2　简易净水器

习题 6-9：观看中央台《家有妙招——活性炭净水》视频片段，其中介绍了"利用活性炭将硬水软化"的妙招。活性炭真能将硬水软化吗？请大家利用活性炭和塑料瓶，制作一个简易净水器。

（二）关注学习能力、学习习惯的养成

发展性习题更加注重阅读、实验和写作等多种能力的培养，更注重学生的主动实验与独立思考能力的提升。

案例 6-5 "化学平衡影响因素"发展性习题设计[13]

习题 6-10：完成人教版《化学（选修 4）》探究实验 2-6，思考：浓度对化学平衡有影响吗？有什么影响？影响的结果是什么？

习题 6-11：根据实验结论画速率-时间关系图。学生绘图如图 6-3 所示。

习题 6-12：请结合所学知识，解决下列问题：

(1) 请从浓度的角度进行分析,如何提高合成氨工业中平衡时氨的产率?

(2) 已知:$CO + HbO_2 \rightleftharpoons HbCO + O_2$

① 如果你碰到疑似 CO 中毒者,你会采取什么措施?为什么?

② 中毒患者送医之后,通常会辅以高压氧舱治疗,为什么?

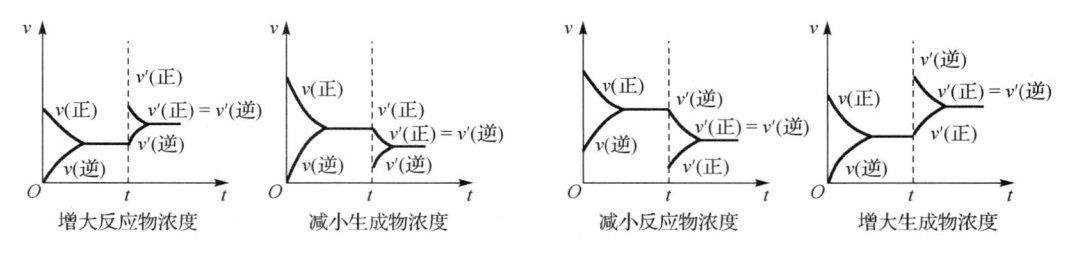

图 6-3 化学平衡的移动

设计意图:为了突破化学平衡移动原理的本质,用三重表征(宏观现象、微观解析和图像分析)改变浓度瞬间,对正逆反应速率的变化进行证据推理。其中习题 6-11 通过绘图将学生的思维有效地展示出来,既检验学生的已有认知(改变某个方向反应物浓度的瞬间,该方向的速率改变),同时又验证浓度对速率的影响。该习题的训练还为以后图像表征能力的学习和培养做了铺垫。习题 6-12 从生产、生活中各选一例进行分析,将所学知识应用于化工生产条件的选择,实现了理论与实际的结合,体现了知识的价值,反映了化学来源于生产、生活,服务于生产、生活。

发展性习题设计的注意事项:

(1) 突出学生的主动性。富有趣味性、挑战性,灵活新颖的习题能够激发学生做作业的热情。教师应精选习题,引导学生勇于挑战,提升解题能力。

(2) 及时的指导。在布置习题之前,教师要做适当的指导,提供知识背景信息,提供有效解题策略。

(3) 给予成功的体验。成功的体验能够激起学生完成作业的热情,培养学生积极的情感与美好的品格。

二、开放型习题设计

开放型习题的特点是:答案不固定、条件不完备、解题方法不唯一、非常规性问题。开放型习题的解答需要学生通过独立思考,提出对该问题的不同看法。学生可以采用多种解题途径,并在解题过程中建立新的认知结构,有利于培养学生的创造性思维[14]。

案例 6-6 "KNO₃ 的知识复习课"习题设计[15]

邳州市议堂中学的姚老师,设计习题如下:

习题 6-13:工业上生产硝酸钾的具体步骤:把硝酸钠溶于热水中,边搅拌边按硝酸钠:氯化钾=100:85 的质量比逐渐加入氯化钾,蒸发浓缩,当温度达到 119℃时,氯化钠结晶析出,趁热将溶液和晶体进行热过滤,得到大量氯化钠晶体,再将分离氯化钠后的滤液缓慢冷却,硝酸钾即大量结晶析出。经抽滤和干燥等处理工序即得粗产品(纯度≥85%)。

思考回答：
(1)开始时为什么用热水溶解硝酸钠？
(2)流程中趁热过滤分离氯化钠的原因是什么？

结论：温度是该流程中影响硝酸钾产率和纯度的重要因素之一，温度主要影响物质在水中的溶解能力，绝大多数固体物质在温度越高的条件下溶解越多。

结合硝酸钾和氯化钠的溶解度曲线图(图6-4)，解答以下习题。

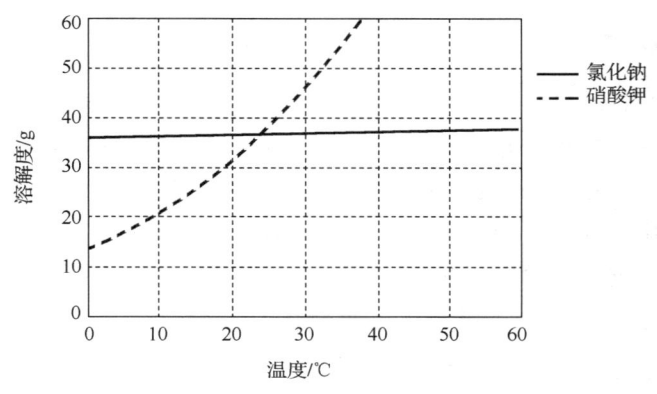

图6-4　硝酸钾和氯化钠溶解度曲线

习题 6-14：影响固体物质溶解度的因素有哪些？什么条件下硝酸钾的溶解度大于氯化钠？从图上可以看出约24℃是硝酸钾和氯化钠溶解度大小的分界点。温度高于24℃时硝酸钾的溶解度大于氯化钠。结合溶解度曲线分析温度变化对以下溶液的组成是否产生影响？

溶液1：将30℃时的硝酸钾溶液降温至10℃，是否能析出晶体？溶质的质量分数可能有什么变化？

溶液2：将75 g 30℃时的硝酸钾饱和溶液降温至10℃，析出晶体多少克？溶质的质量分数有什么变化？

溶液3：将10℃的氯化钠饱和溶液升温至30℃，溶质的质量分数有何变化？

溶液4：将10℃的氯化钠溶液升温至30℃，溶质的质量分数将有何变化？

结论：影响物质的溶解度的内因是溶质和溶剂的性质，外因是温度。无论是饱和溶液还是不饱和溶液，当外界温度发生改变时，如果溶液的组成发生改变(一般有固体析出)，溶质的质量分数就变小；如果组成没有变化，溶质的质量分数一般就不发生变化。

习题6-15：某次实验中取25 g硝酸钾固体溶于50 g 30℃的水，充分搅拌发现有部分固体剩余，解释其中的原因。

结论：硝酸钾溶于水吸收热量，可以使溶液温度降低，结合溶解度曲线发现硝酸钾的溶解度会明显下降，此时硝酸钾就不能完全被溶解而剩余。

习题6-16：思考在鉴别硝酸钾和氯化钠时你可以选择哪些方法？小组内同学交流并列举出来。

结论：鉴别物质时，依据的是物质间的性质差异，硝酸钾和氯化钠的鉴别除了常用的化学方法，还可以根据二者溶于水时的温度变化来鉴别，即硝酸钾溶于水吸收热量，可以使溶液温度降低,而氯化钠溶于水则没有明显变化。

设计意图:怀特海在《教育的目的》一书中说过:当一个人把在学校学到的知识忘掉,剩下的就是教育。怀特海的观点生动形象地表明,化学习题教学的目的应是为了让学生通过练习,能力上得到提升。这就要求教师在设计习题时,要从整体出发,深入学科知识本质,设计开放性习题,培养学生多角度、多方法解决问题的能力,形成系统的知识体系,促进学生进行深度思考,感悟学科知识的价值,进而培养并提升学生的化学核心素养。

三、实验类习题设计

教师在化学习题教学过程中经常会遇到这种情况,在实验类习题中反映出学生的一些错误理解、错误方法或错误结论,教师进行了针对性的评讲,但过段时间,遇到相同或类似的习题,学生仍会犯相同的错误。本该用实验解决的问题却用讲解来代替,由于缺乏深刻的体验,学生对化学知识、原理和方法的认知往往是不全面和不严谨的,所以对于某些实践性强的实验类习题,教师可以采用探究实验的方法,通过明显的实验现象为学生带来视觉冲击[16],促进学生的理解,提升解题能力。

案例 6-6 "物质的鉴别"习题设计[17]

徐州市第三十六中学的王老师设计习题如下:

习题 6-17: 常见酸碱盐的重要特征如表 6-3 所示。

表 6-3 常见酸碱盐的重要特征表

酸溶液	浓盐酸	打开瓶口_____
	浓硫酸	有很强的____水性和脱水性
盐溶液	蓝色的	含_____的溶液,如_____
	浅绿色的	含_____的溶液,如_____
	棕黄色的	含_____的溶液,如_____
	紫红色的	_____溶液
不溶于水的碱	蓝色的	_____
	红褐色的	_____
	白色的	_____
不溶于水的盐	白色溶于酸的	_____
	白色不溶于酸的	_____

习题 6-18: 常见离子的检验:

检验 H^+ 用_____或_____等;检验 OH^- 用_____或_____等;检验 CO_3^{2-} 用_____和_____。

习题 6-19: 胶头滴管的使用

一般用____指和____指夹住滴管的颈部,用____指和____指轻捏胶头;滴液时,滴管要悬空在容器口稍上方,然后轻捏胶头使液体_____滴入容器内,一定不能将滴管末端_____。

习题 6-20：鉴别实验

(1) 鉴别氢氧化钠溶液是否变质

实验桌上提供了石灰水、稀盐酸、BaCl₂ 溶液、酚酞试液 4 种鉴别试剂，请从中选用合适的试剂，设计 3 个鉴别氢氧化钠溶液是否变质的实验方案，填入表 6-4；经师生共同确认可行后，选择其中的一个实验方案动手实验。

表 6-4 鉴别氢氧化钠溶液是否变质的实验方案

方案	所用鉴别试剂	现象	结论	有关的化学方程式
方案Ⅰ	取样，加_____			
方案Ⅱ	取样，加_____			
方案Ⅲ	取样，加_____			

结论：鉴别氢氧化钠溶液是否变质，就是在氢氧化钠干扰下检验 CO_3^{2-} 是否存在；根据碳酸钠和氢氧化钠化学性质的差异，可以选用石灰水、稀盐酸、钡盐（或钙盐）溶液等作为鉴别试剂，但不能选用酚酞试液进行实验。

(2) 不另加试剂鉴别几种溶液

实验桌上有 4 瓶失去标签的溶液，它们分别是氯化钠溶液、硫酸铜溶液、氢氧化钠溶液和稀硫酸，请你不另加试剂把它们区分开来，实验方案填入下表；方案经师生共同确认可行后，才可动手实验。

表 6-5 鉴别几种溶液的实验方案

步骤	实验步骤	现象	结论	有关的化学方程式
Ⅰ	观察 4 种溶液的颜色		是硫酸铜溶液	/
Ⅱ	剩下的 3 种待鉴溶液各取少许，分装在 3 支试管里，分别滴入硫酸铜溶液	有一支试管里出现蓝色沉淀	是_____溶液	
Ⅲ				

评价与交流：师生共同评价学生的实验方案，并交流、探讨实验方案中存在的问题（主要是不知道利用蓝色氢氧化铜沉淀作为第Ⅲ步的鉴别试剂，有关的化学方程式书写错误等）。

学生实验：按照确认的实验方案进行实验。

教师：巡视、参与、指导、评价。

结论：解答无标签试剂鉴别实验题时，首先找出显示特殊颜色的待鉴溶液，然后利用该溶液作为下一步的鉴别试剂，这就使问题转变成了相对简单的有试剂鉴别题；对于待鉴溶液中没有特殊颜色的无标签试剂鉴别题，一般采用溶液两两混合法，只有每种溶液产生的现象各不相同，才能完成鉴别任务。

习题 6-21：

(1) 仅用石蕊试液就可以鉴别出盐酸、氢氧化钙、氢氧化钠、碳酸钠这 4 种溶液，则第 2 个被鉴别出来的物质是（　　）。

　　A. 盐酸　　B. 氢氧化钙　　C. 氢氧化钠　　D. 碳酸钠

(2) 有 4 种物质的溶液：①NaOH ②Na_2SO_4 ③HCl ④$FeCl_3$，不用其他试剂就可将它们逐一鉴别出来，其鉴别顺序是_____（填写序号）。

(3) 只用一种试剂就能将 NaOH、NaCl、$BaCl_2$ 这 3 种无色溶液鉴别出来，它是(　　)。

A. $CuSO_4$ 溶液　　　B. Na_2SO_4 溶液　　　C. 酚酞试液　　　D. $Fe(NO_3)_3$ 溶液

(4) 为了确定已滴入无色酚酞试液不变色的溶液的酸碱性，黎明同学提出以下实验方案，你认为不合理的是(　　)。

A. 取样，滴加 Na_2CO_3 溶液　　　B. 取样，加入锌粒
C. 取样，通入 CO_2 气体　　　　　D. 取样，滴加 NaOH 溶液

练习与交流：以个别提问、交流讨论、适时点拨等方式进行；尤其注重分析答案是如何思考得来的，从而起到举一反三的效果。

设计意图：物质的鉴别一直是初中化学的重要内容，也是历年中考的热点；由于它涉及多个基本概念，而且知识点分散，相关的题型多变，所以它也是初中化学教学的难点。本节课主要引导学生利用酸、碱、盐的特征反应，解决一些简单的化学实际问题。为了培养学生梳理知识的能力，方便学生复习零散的化学知识，将有关内容整合为知识条块，使其薄有纲、厚有目；为了培养学生的表达、交流能力，及时发现完成习题的过程中存在的问题，鼓励学生主动上台展示学案，共享学习成果、交流学习困惑。在实验过程中，教师相信学生、敢于放手，关注全体、重视指导，倡导民主、鼓励质疑，从而激发创新精神和实践能力；为培养学生的操作技能，提高化学素养，重视引导学生以化学原理为核心、以实验操作为手段去探究物质的组成和变化。为了夯实学生的化学基础知识，提高实验设计能力和解题技巧，教师安排学生适当演练实验习题，而且在解题过程中能够站在学生的角度分析解题思路、总结解题方法。为了体现化学知识的实用性和趣味性，教师还应注重联系生产生活中的一些特征反应。

四、富有弹性的习题设计

弹性作业指教师针对不同类型的学生，布置不同难度、不同数量的作业。一方面，老师可以允许学生根据个人情况及对学习的掌握程度，自行选择作业的数量与内容；另一方面，教师可以根据学生的学习情况，给出个性化的作业要求与评价标准[6]。

（一）完成时间有弹性

布置课后习题，并统计学生完成课后习题的数量和时间，有效避免学生拖沓，或因能力有限无法及时完成课后习题。把权利交给学生，大大减轻学生的学习压力，提升做题兴趣。

表 6-6　每周完成作业自评表

完成时间	星期一	星期二	星期三	星期四	星期五	星期六	星期日
内容							
存在问题							
收获							

（二）习题形式有弹性

习题形式的多样性能够创造丰富多彩的课堂交流活动。教师可以针对同样的主题，设

计出不同形式的课后习题,让学生自主选择,自行查阅资料和设计,并完成课后习题,然后在课堂上相互分享。

案例 6-7 "氯的单质及化合物"习题设计

以高中化学"氯的单质及化合物"为例可设计习题如下[18]:
① 查阅文献:氯化钠在自然界的分布;食盐在生产、生活中的用途。
② 实验操作:粗盐提纯,并说出粗盐中含有的可溶性杂质。
③ 画流程图:海水晒盐流程。
④ 阐述原理:工业生产制氯气。
⑤ 撰写小论文:化学工业对人类生存与发展的重要作用。

第六节 教师如何提升化学习题教学艺术

习题教学是培养学生获取化学知识、挖掘智慧潜能的有效途径,化学解题能力的培养,跟学科核心素养的培养是相辅相承的[19]。提升化学习题教学艺术是每一位化学教师应关注的课题,可以从以下几个方面入手。

一、掌握创设习题的策略

创设符合学生认知水平的化学习题,不仅有利于学生利用原有知识解决问题,还有利于学生化学学科核心素养的提升。教师创设习题可采用的策略:其一,围绕一个典型习题,提出各种问题进行拓展。通过对问题的拓展进一步深化学生所学化学知识,挖掘知识的内涵和外延,促进知识的迁移和应用;其二,对各个题目进行剖析,抓住这些题目的内在联系,分析解题思路的变化,改变习题中的某些条件,创设出不同类型的习题[10]。

二、采用同伴互助的学习模式

同伴互助是一种有效的习题教学模式。小组成员之间的交流、讨论、生成解题策略有助于学生建构起对新知识更深入的理解,促进学生参与高水平的思维和学习活动。同伴互助过程中,学生会体验到自己解题的成功,提高自我效能感。学生的解题思路在交流讨论中逐步被明确化、外显化,他们能够有效地对自己的理解和思维过程进行监控;小组成员在合作与交流中达成解题共识,建立完整的、高层次的表征,提高小组成员合作学习的能力[20]。

三、注重非智力因素的培养

(一)注重交流反馈,培养学生解题兴趣

有效的教学反馈能够及时发现学生的解题策略或解题障碍,提升解题兴趣。教师应注意以下几点:其一,创设良好的教学氛围,注重师生交流互动,鼓励学生自主发言,以激发学生内在的求知欲。其二,通过运用生动形象的语言营造出民主平等的教学氛围,及时和客观地分析学生在答题中的表现,使得学生在获得知识的同时获得满足感和成就感。

(二)注重解法指导,提升解题信心

如果指导得当,学生便能从解题的过程中体验到学习的乐趣,增强克服困难、解决难

题的信心，进而敢于挑战难题。一方面，应教会学生掌握最基本的解题思想和方法，指导学生将求解一道题的方法迁移应用到相似类型的习题中，并梳理出不同类型习题的解题方法，逐步掌握灵活解答习题的方法。另一方面，提升解题速度和耐心。解题速度取决于学生对化学知识掌握的熟练程度和平时练习解题的数量；解题的耐心取决于学生的意志力。教师应鼓励学生勇于吃苦，善于思考，敢于挑战失败，最终取得成功[21]。

参 考 文 献

[1] 马克斯·范梅南著，李树英译. 教学机智——教育智慧的意蕴[M]. 北京：教育科学出版社，2014.

[2] 周琼. 高中化学习题功能与编制的研究[J]. 化学教育，2004(03)：30-33.

[3] 徐泓. 高三化学习题教学的选题原则[J]. 化学教学，2012(6)：57-60.

[4] 孙少炎. 新课程理念下化学习题的设计原则[J]. 化学教学，2008(7)：65-67.

[5] 雷玲. 名师作业设计新思维[M]. 华东师范大学出版社，2017：45，89-92.

[6] [法] 埃德加·莫兰著，陈一壮译. 复杂性理论与教育问题[M]. 北京：北京大学出版社，2004.

[7] 王富龙. 化学习题课有效教学的尝试[J]. 化学教学，2010(5)：25-29.

[8] 张经童. 认知负荷理论在优化化学习题教学中的应用[J]. 化学教学，2008(4)：4-6.

[9] 沈祎. 关于初中化学练习教学设计的探讨[J]. 化学教学，2007(6)：25-27.

[10] 张兴涛，王澍，王保强. 基于中学生决策能力培养的化学教学策略研究——以"氮氧化物的产生及转化"为例[J]. 化学教与学，2018(9)：19-22.

[11] 马逸群. 基于初中化学实验培养学生科学风险认知和决策能力[J]. 教育与装备研究，2016(11)：35-39.

[12] 马逸群. 基于实验操作体验水的净化[J]. 中国现代教育装备，2016(24)：27-29.

[13] 宗汉，周跃. 基于发展学生化学核心素养的教学片段案例分析——以"浓度对化学平衡移动的影响"为例[J]. 化学教与学，2017(9)：30-33.

[14] 孙少炎. 高中必修模块化学习题的设计分析[J]. 化学教学，2010(9)：26-29.

[15] 姚彦川，徐作培. 主题复习法在中考复习中的应用——以 KNO_3 的知识复习为例[J]. 中小学教学研究，2019(11)：67-71.

[16] 陈伟. 例谈化学习题教学与探究实验的整合[J]. 化学教育，2014(21)：36-38.

[17] 王永臻，李德前. 初中化学《物质的鉴别》教学设计及反思[J]. 中小学教学研究，2011(12)：49-51.

[18] 上海市教育委员会教学研究室. 中学化学单元教学设计指南[M]. 人民教育出版社，2018.

[19] 赵雪青. 实施素质教育 搞好习题教学[J]. 教学与管理，2001(24)：56-57.

[20] 王欢华. 化学习题讲评中同伴互助式学习的尝试[J]. 化学教学，2014(6)：58-60.

[21] 刘丽君. 在化学习题教学中注重培养学生的非智力因素[J]. 化学教学，2001(5)：18-19.

第七章　化学教学结课的艺术

> 结课在一堂课中仅占几分钟，有时甚至只有几句话，但它却是课堂教学的有机组成部分。化学教学结课的艺术是衡量教学艺术水平的标志之一。日常教学活动中如果说导课像凤尾一样炫丽，能起到引人入胜，设疑激趣的效果；结课则像豹尾，既能总结知识，弥补不足，又能掀起新的高潮，让学生回味无穷。如同明代学者谢榛在论述文章的起句和结句的关系时所言：起句当如爆竹，骤响易彻；结句当如撞钟，清音有余[1]。写作如此，一堂好的化学教学结课也应如此。
>
> 好的结课像一条绳子，帮助学生把零散与孤立的知识串联起来，形成完整的知识结构；像一把钥匙开启了一扇生长和发展知识之门。追求化学结课艺术化，自然成了提升化学教学艺术的重要环节。

第一节　化学教学结课艺术的特点

结课是重要的教学环节。苏联教育家尼洛夫·叶希波曾提出：通过总结学生在课堂上所学主要事实和基本思想来结束一节课是很有好处的。他所说的好处是通过结课，对教学内容的整体把握，以强化教学重难点[2]，有利于提升化学教学效率。化学教学结课的艺术有以下特点。

一、梳理知识，突出重点

结课不是单纯地对化学教学内容进行再现和复述，而是在原有基础上的再次升华。在结课阶段，教师采用提问、讨论与总结等方式，引导学生主动思考、积极回答，用简明的语言、文字或图形梳理化学知识的结构和主线，强调重难点，明确关键点，揭示知识的内在联系或逻辑关系，帮助学生加深理解化学概念，掌握化学原理，认识科学本质。此外，在结课时教师还可以通过展示化学与生产、生活、技术的联系，让学生认识化学学科的价值，提高教学效率[3]。

二、开阔视野，激活思维

化学结课时，教师可以提出一些与本节教学内容紧密联系，而在课堂上又不能解决的问题，制造悬念。这样的结课便成为联系课内外的纽带，拓宽知识的覆盖面和适用面，从而达到开拓视野、激活思维的目的。教师也可以针对本节课学习的化学概念与原理，设计探究性或实践性的问题，激发学生的探究欲望，启发学生的思维，进而收到"课虽尽而趣无穷"的效果。

三、方式多样，激发兴趣

结课是一堂课的最后时光，经过30多分钟的学习，学生精神会感到困乏，注意力也相对分散，要想高效地总结梳理所学知识、激发思维，可采取多种方式来提升学习兴趣。其一，采用多种结课方式。例如，安排学生进行习题、实验、讨论等形式的活动，让学生巩固所学化学知识或实验技能，并将化学知识迁移到新的问题情境中分析或解决一些问题。其二，采用多种交流渠道。例如，教师让学生自己来总结，或师生共同讨论，或小组之间进行交流讨论，以最大限度地调动学生的思维活跃程度，促使学生对课堂知识进行记忆、思考和整合，进而使学生体验到掌握新知识的成就感[4]。

第二节 化学教学结课艺术的原则

化学教学结课应当紧扣化学教学内容，使其成为整个课堂教学的有机组成部分，做到与导课、新课讲解内容相呼应，不能游离主题。如果教师在导课时精心设疑，在结课时总结性回答导课设疑或进一步延续和升华导课思想内容，更能激发学生的共鸣。教师的结课还应注意与教学内容有效衔接，以便使整堂课的内容显得系统有序，学生易于掌握化学内容[5]。教师结课应注意下文所述原则。

一、完整性原则

恰当的结课，可以帮助学生回忆和整理一堂课的内容，理清知识脉络，把握教学重点，简化复杂的教学内容。结课的设计应紧扣教学内容，使其成为本节课的有机组成部分，做到与导课相呼应。在新课导课中，教师常常设置问题悬念，引导学生去探究、解决问题，并开始课堂教学活动。结课应当与导课呼应，进一步延续和升华导课内容。教师的结课还应注意结在整堂课的知识面上，即讲授某些内容或讲完某些问题后，进行归纳总结，使这部分内容显得系统连贯、相对完整[6]。

二、巩固性原则

巩固性原则是指教师在结课时运用归纳、类比、联想等方法，对该节课的知识等进行归纳总结，使学生加深对化学概念和原理的理解，及时巩固知识，达到增强识记的目的。教师可以先让学生自己复述、总结该节课的主要内容，写出或画出各个知识点之间的联系，再让其他学生讨论、补充、完善，指导学生概括该节课的重点，以达到掌握知识的目的。教师不仅要总结知识，还要及时总结解决某一类问题的方法，学会应用这些方法解决相似的问题。

三、比较性原则

教师在结课时利用下课前的3~5分钟时间，采用比较法，引导学生对所学知识进行归纳、对比、分析、总结，促使学生对比易产生混淆的知识，找到相似点和区别，从而使学生更深刻、更全面地理解化学概念或基本原理。结课时采用列表、图示等方法对所学知识与原有的知识进行对比，可以提升学生的逻辑思维能力，加深学生对所学知识的理解，帮助学生建构化学知识结构。

四、悬念性原则

悬念性原则指在课的结束部分，教师设计教材中一些有争议的问题或有待于进一步探究的问题，给学生布下悬念，留下探究空间，引导学生通过阅读、思考、分析及讨论，解决问题，给学生一种"课结思未尽，言尽意未完"的体验。此外，当两节课的内容联系紧密时，教师设置的问题可以成为衔接两节课的桥梁，进而一节课的结课成为下一节课的开始。悬念性结课可以让学生对下一节课学习的内容有所期待，促进学生课前预习，激发学习兴趣。

五、延伸性原则

延伸性原则是指在一章或一个单元结束时，将该章或该单元的内容、方法延伸到课外，设计一系列与生产生活相关的化学问题，鼓励学生应用所学知识进行实践与研究；或与其他学科融合，沟通各个学科之间的联系，以发展兴趣为主，让学生将化学知识及其他学科知识相结合，培养学生的动手能力以及分析、解决问题的能力，可以开拓学生的视野。

六、简洁性原则

结课要简洁、快速、幽默、活泼，要做到水到渠成、突出重点、恰到好处，既能帮助学生理清化学知识的脉络，又能让学生明确学习的重点和难点。教师用简短的时间，幽默的语言拨动学生的心弦，让学生在下课前轻松、愉悦地巩固所学知识，为下一节课奠定基础。

七、适度性原则

结课应遵循适度性原则，切不可忽视课堂时间、"拖堂"、打疲劳战。在有限的时间内总结一堂课的精彩内容，便能收到曲终意长、言尽旨远的效果。教师可根据教学内容、学生情况或课堂临时出现的情况灵活地运用各种结课方式，充分发挥结课功能[6]。

第三节　化学教学结课的方式

好的结课方式能使化学课堂熠熠生辉。化学教师应针对不同的教学内容选择不同的结课方式，从而发挥结课的功能。

一、练习巩固式

教师精选习题，作为结课方式。学生通过完成习题对所学内容进行概括总结。练习巩固既有利于教师了解学生对所学知识的掌握程度和不足之处，又能及时分析教学效果，从而采用有效巩固的复习策略，提升教学效果。

案例 7-1　"物质的溶解性"结课设计

以沪教版《化学（九年级下册）》"物质的溶解性"为例，结课设计如下：

【当堂检测】

1. 生活中常见的下列物质中，不属于溶液的是（　　）

A. 汽水   B. 泥浆   C. 白酒   D. 石灰水

2. 以下关于溶液的叙述不正确的是( )

A. 溶液是均匀、稳定的混合物。
B. 溶液不一定是均匀透明的无色液体。
C. 正在配制的蔗糖溶液下面更甜，说明溶液中总是下面更浓。
D. 如果水分不蒸发，温度不变，糖水放再长时间，蔗糖也不会分离出来。

3. 下列液体属于溶液的是_____。（填序号）
①啤酒 ②水 ③泥水 ④澄清石灰水 ⑤盐酸

4. 下列清洗方法中，利用乳化作用的是( )

A. 用自来水洗手   B. 用汽油清洗油污
C. 用清洗剂洗油腻的餐具   D. 用盐酸清除铁锈

5. 判断：

(1)溶液是无色透明的液体。
(2)冰水混合体是溶液。
(3)把食盐溶液倒掉一半后，变稀了。
(4)在温度不变，水不蒸发的条件下，蔗糖溶液中的蔗糖会从水中分离出来。
(5)均一、稳定的液体一定是溶液。

6. 小华同学有一些大颗粒糖块，他想喝糖水，怎样使这些糖块较快溶于水中？请你帮他想想办法。

设计意图：通过设计封闭型和开放型习题，引导学生总结回忆核心知识点、活学活用、发散思维。

二、延伸式

延伸式结课是引导学生运用该节课所学知识向课外延续、向实践伸展的一种结课方式。教师可采用多种多样的、可操作的活动方式来结束课堂教学，巩固和应用课内所学的知识，激发学生的学习兴趣和求知欲望。

案例 7-2 "弱电解质的电离"结课设计

河北南宫中学的刘老师以人教版《化学（选修 4）》"化学反应原理"的"弱电解质的电离"为例，结课设计如下：

教师：给出提纲，引导总结。

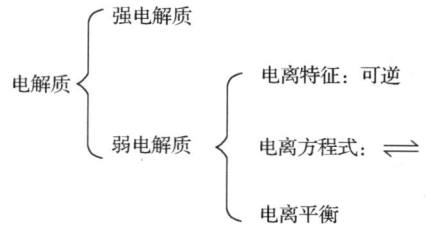

$$\text{电解质}\begin{cases}\text{强电解质}\\ \text{弱电解质}\begin{cases}\text{电离特征：可逆}\\ \text{电离方程式：}\rightleftharpoons\\ \text{电离平衡}\end{cases}\end{cases}$$

教师：课后阅读课本 42～43 页科学视野，自学"电离常数"，试着用电离常数分析加 CH_3COONH_4 后各粒子浓度如何变化。

设计意图：学生根据教师提示回忆该节课内容，并记下问题。课下尝试设计引导性问题，通过自学及同学间交流解决，培养自学意识。

三、拓展式

教师根据该节课所学内容设计阅读材料或实践任务。阅读材料将知识延伸到课外，拓宽学生的知识面；实践任务能进一步发展学生的思维能力，加深学生对知识和方法的掌握。

案例7-3　"常见的酸和碱"结课设计

徐州市第三十六中学的丁老师以沪教版《化学（九年级下册）》"常见的酸和碱"为例，在学生明确酸和碱能够发生反应后，结课设计如下：

教师：举例中和反应在生产生活中的案例。如：

(1) 施用熟石灰改良酸性土壤；

(2) 化工厂常用氢氧化钠溶液洗涤石油产品中残留的硫酸；

(3) 可以服用含有氢氧化铝等碱性化合物的药物来治疗胃酸过多；

(4) 被蚂蚁、蚊子叮咬后，涂上肥皂水可以止痛消肿；

(5) 头发适合在弱酸性的环境中生长，一般洗发后，可以使用护发素保养。

设计意图：通过拓展式练习，使学生运用所学知识解决生活中的问题，感受化学就在身边，激发学生的求知欲。

四、悬念式

在结课时设置悬念，给学生留下进一步探索的未知数，激起学生学习新知识的欲望。一般在上下两节课的内容有密切联系时可以采用悬念式结课方式。

案例7-4　"化学能与热能的相互转化"结课设计

河北南宫中学的刘老师以人教版《化学2（必修）》"化学能与热能的相互转化"为例，结课设计如下：

对于暖宝中的反应 $4Fe+3O_2 = 2Fe_2O_3$，提出问题：

① 如果在实验室控制条件使其快速反应，也放热吗？若铁粉的量相等，放出的热量相同吗？

② 如果在空气中缓慢生锈，还放热吗？

教师：阅读课本第35页科学视野"生物体中的能量变化"，回答问题。

学生：思考化学能转化为热能的应用，回答涉及做饭、取暖、交通运输等各个方面。

教师：向大家展示应用于航天科技的能源物质——肼。

小结：化学反应在物质变化的同时伴随着能量的变化。

$$化学反应 \begin{cases} 放热反应 \quad E_{反应物} > E_{生成物} \\ \qquad\qquad 化学能转化为热能 \\ 吸热反应 \quad E_{反应物} < E_{生成物} \\ \qquad\qquad 热能转化为化学能 \end{cases}$$

教师：暖宝中除了 Fe 外，还有 C、盐、水等，它们帮助 Fe 和 O_2 反应，原理是什么？带着这一问题预习第二节"化学能与电能"。

设计意图：引导学生关注社会，培养对社会的责任感，充分挖掘学生的潜能；体现化学学科的价值所在，给学生积极向上、健康乐观的学习态度。设计拓展性的问题，为下一节课的学习做好预习。

五、呼应式

呼应式指一节课的导课与结课首尾呼应、浑然一体。教师在结课时回应导课时所提出的问题，既回答导课时的疑问，又概括了所学的新知识，拓展了学生的视野，提升了素养[7]。河北南宫中学的刘老师以侯氏制碱法为例，导课时创设情境，提出以下问题：侯氏制碱法的原理流程是什么？这种制碱法为什么又叫"联合"制碱法？他对中国甚至世界产生的深远影响是什么？在结课时设计如下。

案例7-5　"侯氏制碱法"结课设计

教师播放微视频：永利碱厂南迁及侯氏联合制碱法的产生，介绍在日本侵华的背景下，永利碱厂南迁，并开创新的制碱方法。

学生：分析侯式制碱法的原理流程及优点；结合微视频中的介绍，总结侯氏联合制碱法的原理流程。

设计意图：组织学生观看视频与总结信息，解答导课时提出的问题，从而加深对知识的理解。

第四节　化学教师如何提升结课艺术

教师通过创设生动形象的结课形式，设计富有思考性的问题，并恰当地使用结课语言，可以使化学课堂收到锦上添花的效果。教师要想提升结课艺术，可采用下文几种策略。

一、精练总结语

结课语言应进行艺术化处理，用概括、分析等手段提炼语言，使其短小精悍，恰到好处，抓住学生的注意力。教师的总结语力求分析透彻，深刻剖析化学原理，促使学生理解教学重点、突破难点、理顺思路和强化认知，并联系自己的生活经验，迁移和应用所学知识解决化学问题。精练的总结语还能恰当地阐述学生在化学课堂中的表现，对学生进行客观的评价，使学生获得积极的情感体验[8]。

二、把握时间节奏

结课是学生大脑最疲劳、注意力最容易分散的时段。教师的结课设计，除了注意围绕该节课的核心内容进行概括，明确要点，还需要把握时间节奏，才能提升结课效果。如果前面的教学环节时间把握不当导致时间太短，教师只能匆匆收尾，那么结课便成为走过场；如果前面的教学节奏稍快，结课时间较长，那么教师除了总结梳理所学知识外，还需要给学生较多的时间讨论和汇报该节课的收获，讨论时间过长容易离题，这种拖沓的结课方式不仅重点不突出，还容易导致学生的注意力涣散，难以达到结课应有的效果。可见把握时间节奏很重要，恰当的时间安排，能够起到事半功倍的效果[3]。

三、注重反思总结

结课时引导学生对该节课内容进行系统梳理，理清知识脉络，解决核心问题，这对于巩固和强化已学知识是很有必要的[9]。教师可以按照下面几个思路让学生进行反思小结：本节课你学了哪些知识？你认为最重要、最关键的知识是哪些？本节课你掌握得最好的知识是哪些？你还有哪些问题需要提出来讨论？反思能够帮助学生理解、记忆、概括，甚至升华所学知识，激发学生学习化学的兴趣，并做好课后作业和下一节课的准备。

参 考 文 献

[1] 马春霖. 撞结课之钟 收豹尾之力[J]. 中学政治教学参考，2011(1)：53-55.
[2] 罗宗强. 课堂小结"一例多解"趣谈[J]. 中学政治教学参考(中旬)，2017(5)：27-28.
[3] 徐良斌. 初中化学优质课"课堂小结"环节的特征研究[J]. 化学教育，2016(23)：53-57.
[4] 陈筱勇. 中学化学结课语的设计[J]. 化学教育，2009(5)：26-28.
[5] 许雅芬. 谈结课艺术[J]. 生物学教学，2004(2)：8-10.
[6] 朱俊峰. 谈化学教学中的结课艺术[J]. 化学教学，2006(1)：22-23.
[7] 卢卫忠. 中学地理教学的结课艺术[J]. 中学地理教学参考，2013(11)：24-26.
[8] 王有鹏，李欣霞. 锤炼课堂结束语——让课堂教学锦上添花的教师语言艺术之三[J]. 中学政治教学参考，2007(12)：29-30.
[9] 孙成余. 近因效应对化学结课设计艺术的启示[J]. 中学化学教学参考，2013(7)：35-36.

第八章　化学教学应变艺术

> 教学应变艺术是指教师在教学过程中，面对突发情况做出妥善处理，从而化险为夷，出现柳暗花明的教学佳境的艺术。课堂教学是复杂、动态的过程，随时会出现一些教师意想不到的教学事件，机智地引导学生解决问题，及时调控课堂进程，保证教学顺利进行，是每一位优秀教师必备的基本技能。

第一节　化学教学应变艺术的特点

化学教学应变艺术是教师在极短的时间内，面对突发事件，敏锐地给出多种处理方案，并迅速得出最佳方案，进而妥善解决化学教学问题的艺术。教学应变艺术具有以下特点[1,2]。

一、偶发性

在化学教学过程中，教师虽然会按照教学设计中的流程逐次展开，但要面对的是几十个有思想的学生，每个学生的认知水平、思维方式有很大差异，因而在师生交流过程中，课堂突发事件的随机性很强，即教师无法估测它会在什么时候发生，以什么样的形式出现，因此无法事先做好准备，只能针对具体事件做出明智的决策。

二、创造性

化学教学应变艺术的成败在于创造性，缺乏创造性、墨守陈规、机械模仿都会导致教学应变结果不尽如人意。学生的个性特征、认知水平差别很大，化学课堂复杂多变，要想巧妙地处理突发事件，教师必须充分发挥聪明才智，创造性地做出应对，从而提升应变艺术。

三、灵活性

在化学教学过程中，特别是在实验过程中，部分学生会出现注意力分散、交头接耳等不遵守纪律的情况，教师可采取因势利导的处理手段，灵活地采用应对策略，引导学生将注意力集中在教学内容上。例如，教师用一次性手套作容器(分别将氯化铵和八水合氢氧化钡放在不同的指套内)。课上，老师将两种药品混合在一起，让少数学生感受温度的变化。学生惊讶于温度骤降，喜欢这种魔术式的实验，很想自己尝试一下，于是注意力分散到对手套的关注上，没有心思去考虑两种物质混合后的变化。甚至有离讲台近的学生，拿过手套，仔细体验，不停把玩。这时教师用幽默的语言说："如果有同学能说明温度变化的原因，作为奖励，老师可以给他一个装有两种药品的手套，并让他在下课之前演示给大家看。"听到自己有机会做一次实验，学生很开心，注意力迅速集中到对实验原理的探寻上。

四、巧妙性

化学教学过程中遇到突发情况时,教师要做到机智分析,并妥善处理问题。例如,教师通过恰当的策略消除负面影响,或与学生沟通,给学生启发,使其在融洽、有趣的氛围中完成探究学习。

第二节 化学教学应变艺术的原则

化学教学过程会有偶发事件出现,如何机智应对,巧妙化解?化学教师切忌急躁冲动、感情用事,也不必急于寻根究底,而应当因势利导,巧妙转化,扭转课堂重心,灵活调适课堂气氛,可遵循以下几种原则[3]。

一、及时性原则

课堂上,教师应针对学生反馈的信息及时做出反应,并给予适当的处理。化学教学是个有序的动态过程,任何一个环节出了问题都会影响后续教学的进行。教师及时运用应变技能,巧妙处理学生认知形成过程中出现的各种问题,帮助学生克服认知障碍,有利于学生接受新知。

二、有效性原则

教师在化学课堂中的应变要有"度",过或不及都会影响其效果。如果反应过度会引发学生的反感。例如,教师针对个别学生在学习过程中存在的困惑,反复讲解、强调,过度练习,会让大多数学生感到乏味、厌倦。相反,教师反应不及或忽视学生的反馈,会打击学生的积极性。例如,有的学生在课堂上提出有意义的问题或给出有趣的解答,老师对学生的反馈不置可否,造成学生的学习积极性受挫。可见,课堂应变技能应以有效为前提,在"度"上做到恰到好处,有效回应学生的同时恰当地引导学生深入思考,促进学生思维能力的提升。

三、科学性原则

科学性原则是教学应变的重要原则。学生是化学学习活动的主体,要让学生积极地参与到课堂教学的各个环节中,需要科学地引导、启发和帮助。学生只有以主人翁的姿态来分析与解决课堂上的突发事件,才能充分发挥智慧、开拓思维、提出高见妙解。

四、发展性原则

教师要用发展的眼光来处理突发事件,关注学生化学学科核心素养的提升,注重启发思考,让学生参与到化学教学活动中,学会与同伴合作,与教师协商。通过问题的解决,深入理解化学知识,提升实验技能,获得积极的情感体验,发展个性和提升素养。

第三节　化学教学应变策略

在化学教学过程中时有突发事件发生，这就要求教师具有教学机智，能充分利用事件，选择有效的教学策略合理地解决突发事件，从而转被动为主动，灵活地驾驭课堂。教师可采用下文几种策略。

一、顺水推舟策略

突发事件的发生使课堂教学陷入被动局面，这时教师可想办法转移学生的注意力，挖掘突发事件中的有利因素，顺水推舟、因势利导，将教学的偏差巧妙地引导到教学活动方面。教师可以把出现的事件与教学联系起来，扭转被动局面，往往会收到意想不到的效果。例如在做演示实验时，实验失败或结果异常往往会打破平静状态，老师和学生均会产生疑问，学生之间也会议论纷纷，注意力分散。这时教师如果话锋一转，让学生分析、回答实验失败的原因，引导学生从反应原理、实验装置、试剂以及实验条件的控制等方面进行思考，同样可以达到预期的教学效果。对突发事件的机智处理，有利于创设出微妙的、恰当的教学情境，引发学生探究[2]。

案例 8-1　"氢氧化钠的化学性质"突发事件应变策略

在案例 4-5 中介绍了雍老师面对"氢氧化钠的化学性质"突发事件创设的教学情境，下面我们分析一下，该老师采用的顺水推舟应变策略，具体内容如下：

一次，雍老师上县级化学公开课，教学内容是氢氧化钠的化学性质。按照预设的程序，让一名学生到讲台做氢氧化钠溶液与硫酸铜溶液反应的实验。学生的操作很规范：取少量 $CuSO_4$ 溶液于试管中，用胶头滴管向其中滴加 5 滴 NaOH 溶液。正当全体听课教师和学生都期待着看到蓝色沉淀的时候，意外的事情发生了：试管中并没有出现蓝色沉淀。当时，他没有逃避，而是采用顺水推舟的策略，积极引导学生去探究出现这个突发事件的原因。引导学生思考：为什么没有看到蓝色沉淀？请同学们猜测有哪些可能的原因。在一系列自发探究活动中顺利完成本节教学内容。

教学评析：课程的设计理念是教师为主导、学生为主体、实验为主线。由于实验准备不足，NaOH 溶液变质了，一时间课堂陷入僵局。很庆幸，当出现失误时，教师并没有慌张，没有放弃探究，而是变被动为主动，打破事先设计的教学思路，把主动权交给学生，让学生去探究。而更为意想不到的是，通过对失败原因的分析，反而把 NaOH 的化学性质以及 NaOH 是否变质的检验方法探究出来了。"教学是一门遗憾的艺术。"所以，教学中出现失误并不可怕，可怕的是教师对失误不知不觉、无动于衷。只要教师能正视失误，巧妙应对，就能化不利因素为有利因素，使学生在学到知识的同时，培养正确面对失误等积极的学习态度和反思精神，这才是素质教育的真正价值所在。

二、引导策略

课堂千变万化，学生回答或听课表现不可控制和预测。教师在提问时注意运用教学机智，根据变化情况，有针对性地发问或追问，不能机械照搬教学设计，也不能在学生回答不出问题时不停地追问，要善于引导，做好铺垫，以适应变化的情况，引导学生深入思考，逐步掌握课堂教学内容。

案例 8-2　"镁带燃烧"引导策略[4]

徐州市第十三中学的马老师设计了"探究镁带的燃烧"这一校本课程，以帮助学生拓展燃烧的概念，认识测量氧气含量实验中耗氧物的选择标准。结合学生课堂表现，有效发问，引导学生在探究镁带燃烧时，体会化学物质的特殊性和化学性质的相对性，同时培养学生敢于质疑、大胆探索的科学品质，提升课堂教学效率。具体过程如下：

教师：镁带能否代替红磷用于测定空气中氧气的体积分数呢？

小组 1：打开止水夹后水进入集气瓶内，水面最终在 2/5 刻度处。

小组 2：倒吸的水最终在 3/5 刻度处。

结论：每个小组测定的氧气的体积分数都大于 1/5。

教师引导 1：为什么大家使用镁带代替红磷测量值都大于 1/5 呢？

学生 1：可能是装置漏气。

教师反问：我们所有小组的测定结果都大于 1/5。这应该不是实验装置漏气造成的。如果不是实验装置漏气，那还可能是什么原因呢？

学生 2：我猜是镁带的质量有问题。

教师释疑：我们使用的镁带是正规厂家生产的，而且包装盒上也有产品检验合格的标识。尤其是我们刚才做镁带在空气中燃烧的实验时，观察到的燃烧现象很正常。所以，镁带的质量没有问题。

教师引导 2：集气瓶中是空气，空气中除了氧气，还含有哪些气体？

学生 1：主要是氮气。

学生 2：如果装置气密性好，而进入的水又这么多。我猜只能是镁与空气中的氮气反应了。

教师引导 3：这位同学的猜想很有道理。那我们如何证明这个猜想是合理的呢？

学生：想办法弄一瓶氮气，试验镁带能否在氮气中燃烧。

教师引导 4：我们的化学实验室里没有现成的氮气。怎么办？如何利用已学的知识制取少量的氮气呢？

学生：我认为可以利用红磷燃烧耗尽集气瓶内的氧气，剩余的气体几乎都是氮气。

讨论：如何采用简便的方法引燃密闭容器内的红磷。

教师：巡视、参与、释疑。

学生：讨论。

组长：汇报结果。

学生 1：使用白磷，因为白磷着火点低，容易引燃，而且耗氧彻底。

学生 2：可以利用凸透镜聚光，穿透玻璃瓶壁，照射白磷，从而引燃白磷。

学生 3：在橡皮塞中插入一根长短合适、能上下移动的玻璃棒；将玻璃棒烧热后，立即用橡皮塞封闭集气瓶口，再按下玻璃棒即可引燃白磷。

学生 4：进入瓶内的水约占集气瓶容积的 1/5，剩余 4/5 的气体几乎都是氮气。

教师引导 5：下面我们就用自己制取的氮气，验证镁带能否在氮气中燃烧。从镁带能在氮气中燃烧，能得出什么结论？

学生 1：测定空气中氧气的体积分数时不能使用镁带。

学生 2：燃烧不一定要有氧气参加；氮气在一定条件下也能支持燃烧。

学生 3：如果镁带失火，不能使用氮气扑灭。

学生 4：在测定空气中氧气的体积分数时，选择耗氧物的标准应该是"可燃物仅与氧气反应且生成固体物质"。

教师引导 6：性质活泼的镁带还能在其他气体中燃烧吗？比如二氧化碳气体。

学生 1：不会燃烧，因为二氧化碳是灭火剂，不能支持物质的燃烧。

学生 2：可能会燃烧，因为氮气通常也不能助燃，而镁带却在其中燃烧了。

教师引导 7：实验是化学的最高法庭，孰是孰非让实验来说话。

教师演示：用坩埚钳夹持一段镁带在酒精灯上引燃后，迅速伸入集满二氧化碳的集气瓶内（镁带的继续燃烧再一次使学生惊奇）。

学生：观察，并汇报实验现象。

教师小结：镁带不仅可以在空气中剧烈燃烧，还可以在氮气、二氧化碳中燃烧；其实，任何剧烈的发光、放热的化学反应都属于燃烧。

教学评析：利用实验现象，引导学生发问，并抛出建议，引导学生有效探究。接着，教师利用探究结果，抛出一系列问题，促使学生深入探究镁带燃烧的本质。运用引导策略，有效控制课堂节奏，活跃课堂气氛，使得学生积极思考，勇于探究，有效激发了学生的化学学习兴趣。

三、幽默策略

幽默是激励学生学习的润滑剂，适当的幽默可以调节学生学习中产生的疲劳感，引发学生关注、启发思维和激发学习兴趣[2]。

案例 8-3　"燃烧与灭火"幽默策略[5]

盐城中学的杨老师在"燃烧与灭火"课上，以其幽默的谈吐和滑稽的动作，深深地"黏"住了学生，节选片段如下：

教师：下面我们来看一个奇怪的现象。

教师演示：如图 8-1 所示。

教师：为什么高的蜡烛先灭，低的蜡烛后灭呢？

学生 1：因为烧杯空间较小，蜡烛燃烧生成热的 CO_2，密度较小，集中在烧杯上方，且 CO_2 本身不燃烧，也不支持燃烧，所以高的蜡烛先灭，低的后灭。

教师：你太有才了，掌声鼓励一下。（学生忍不住笑了）

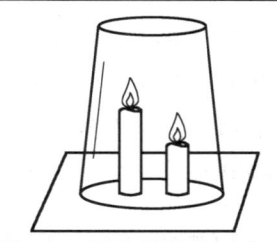

图 8-1 燃烧蜡烛熄灭实验

教学评析：此处，这个奇怪的现象的解释是个难点，学生很难想到热的 CO_2 的密度变小，集中在烧杯上部。而这个学生的理解力和领悟力较强，此时杨老师抑制不住内心的喜悦，运用了小品《策划》中赵本山的话："你太有才了"，并用掌声进行鼓励。不仅表扬肯定了这位学生，使该生信心倍增、自豪洋溢，还把课堂推向了高潮。

四、就地取材策略

教师在课堂教学中遇到问题时，注意捕捉现场情节、就地取材、巧解难解，灵活地将随机创设的化学教学情境与教学内容相结合，使得教学活动更加灵活、新颖、生动，更容易引发学生共鸣，从而收到理想的教学效果[2]。

案例 8-4 "几种重要的盐"应变策略[6]

以沪教版《化学（九年级下册）》"几种重要的盐"为例。雍老师就地取材，节选教学片段如下：

在一节化学课上，雍老师安排学习"碳酸钙"这个重要的盐的知识。距离下课还有 15 分钟时，学生们正在聚精会神地练习检验碳酸钙的性质。孙同学突然拿出一包写有干燥剂的包装袋，并问雍老师它的主要成分是什么？雍老师灵机一动，能不能以此为契机，让学生进行一下探究呢？

于是，他让全体同学停下来，以组为单位对教师手中的干燥剂进行探究。

教师：这包干燥剂的主要成分是生石灰，现在它是否变质，还能不能继续做干燥剂呢？

学生：取少量干燥剂于试管中，加水看是否放热。

学生演示：取少量干燥剂于试管中，加水溶解，用手触摸，发现没有放热。说明这包干燥剂里没有生石灰了。

教师：那现在这包干燥剂的成分到底是什么呢？

学生：可能是氢氧化钙，可能是碳酸钙，也可能是二者都有。

教师：那如何设计实验验证到底哪种猜想是正确的呢？

学生 1：取少量样品，滴加稀盐酸，看是否产生气泡，判断是否有碳酸钙；取少量样品溶于水，滴加酚酞试液，看是否变成红色，判断是否有氢氧化钙。

学生 2：也可取上层清液，通入二氧化碳，看是否变浑浊。

学生演示：经过实验验证，确定该干燥剂已经全部变质，只有碳酸钙了。

学生 3：那能不能重新变成干燥剂继续使用呢？

学生：把碳酸钙直接高温煅烧即可。

同学们争先恐后，积极发表自己的观点，此时课堂非常热闹。探究引起千层浪，这节课就这样在学生的七嘴八舌的热烈讨论和惊喜的氛围中结束了。

教学评析：课堂上教师采用就地取材策略，引导学生探究与本节教学内容密切相关的干燥剂。在教师随机创设的教学活动中，学生发现了很多问题，也引发了对碳酸钙性质的一系列研究，有效整合、巩固了所学知识，从而顺利完成结课环节。这种学习方法体现了教师的教学智慧与创新能力，有效地激发了学生学习的主动性。

第四节　教师如何提高化学教学应变能力

教师教学机智的培养并非一日之功，它以教师广博的学科知识、熟练的教学技巧和丰富的教学经验为基础。在教学过程中，教师要做到高度熟悉化学教材，提升自身修养，充分了解和热爱学生，才能适应中学化学教学的需要，灵活自如地驾驭课堂教学进程。

一、课前准备充分

教师在课前应精心备课，不仅要深入分析教材，明确重点与难点，还要对学情进行分析，了解学生的认知水平、思维状态和心理特点。充分考虑以往在课堂教学中出现的问题以及学生可能提出的问题，有针对性地设计教学活动，结合自身优势选择教学思维调控的策略和有效引导策略。否则上课时容易出现被动的教学局面，面对突发情况，不能给予学生最有效的引导。

二、构建宽松民主的学习氛围

化学教学过程就是教师帮助学生经历、体验、转变的过程。教师构建宽松民主的学习氛围，鼓励学生主动发言，不害怕犯错误，把自己的经验和个性化的观点充分地表达出来。在构建民主氛围的同时，还要教导学生学会倾听与尊重他人，学会互助与合作；敢于把自己的困惑和体会充分地表露出来，在分享与讨论中，整合认知、活跃思维、提升学习效率[7]。

三、注重学识积累

丰富的学识与经验是提升应变能力的基础。没有丰富的学识与机智，教师对具体问题无法做出客观、正确的判断。首先，学识积累可以开阔教师的视野，使教师不再拘泥于从单纯分析教学活动中的突发事件到单纯解决突发事件的狭隘视野，而是通过宏观的视野多角度地分析突发事件产生的原因、影响和解决策略。其次，学识积累使教师不再孤立地、片面地认识问题，而是全面地看待问题，找出突发事件与教学活动之间的联系，进而巧妙地解决问题[8]。

四、增强教学美感

化学教学作为师生双方互动的过程，蕴含着丰富的审美因素。拥有美感的课堂，能够为化学教学应变艺术增添美的体验。教师优美的语言、富有逻辑性的板书、多变的实验现象、沉稳的眼神、丰富的肢体语言都能够创设出和谐的课堂。教师巧妙地将突发事件融入到课堂中，使得课堂高潮迭起、生动有趣，无疑提升了化学教学的艺术效果[2]。

参 考 文 献

[1] 马田. 浅论语文课堂教学应变艺术[J]. 北方文学(下旬刊)，2017(5)：245.
[2] 李如密. 教学艺术论[M]. 北京：人民教育出版社，2011.
[3] 谭青华. 论课堂教学中教师的应变艺术[J]. 江西教育，2008(12)：41.
[4] 马逸群. 立足化学实验，培养探究能力——"探究镁带的燃烧"教学案例[J]. 江苏教育，2013(6)：12-15.
[5] 雍世伟. 幽默：融合师生关系的催化剂——评析一节省级化学优质课[J]. 化学教与学. 2010(7)：17-18.
[6] 雍世伟. 自创探究题 掌握"钙三角"[J]. 新高考，2014(6)：29，40.
[7] 余文森. 教学是一种充满亲和力的过程[J]. 人民教育，2003(13-14)：39.
[8] 杨泉良. 试论新课标下语文教师在教学中的应变与缄默[J]. 教育与教学研究，2009(11)：9-11.

第九章　化学学习指导的艺术

> 有关学习风格的定义，许多研究者都有过论述。施梅克认为学习风格是学生学习新材料时习惯使用的学习策略与学习过程的独特结合[1]。肯赛拉认为学习风格是指学习者在接受信息或信息加工过程中自然习惯采用的持久的偏爱方式。曾任美国中学校长联合会主席的凯夫先生指出：学习风格反映了学习者如何感知信息、如何与学习环境相互作用并对之做出反应的相对稳定的学习方式[2]。
>
> 学习风格具有三个特点。其一，独特性。学习风格受学习者所在家庭、所接受的教育和社会文化的影响，在自身长期的学习活动中形成，具有鲜明的个性特征。其二，稳定性。学习风格一旦形成，便具有稳定性，很少因学习内容、学习环境的变化而变化。当然，学习风格的稳定性并不表明它不可改变。教师在看到其稳定性的同时注意其可塑性。其三，兼有活动和个性两种功能。学习风格受个性影响，在学生参与学习活动的过程中，能够体现出学习者的个性特征，并影响活动的顺利进行[3]。

第一节　学生学习风格的类型

化学学习是化学教学活动的出发点和最终归宿，学生对化学学习过程、学习方式和学习规律的掌握，是化学教学活动取得成效的首要前提。对每一个学生来说，化学学习尽管受到外因的制约，但它毕竟在个体内部进行着，每个学生对化学学习会表现出不同的倾向，采取不同的方式和策略。教师的教学干预若要在每个学生身上均产生满意的效果，就必须摸清学生的个性差异，而这必须落实到对学生学习风格的研究上[4]。国内外关于学习风格的分类有很多，下面介绍其中几类常见的学习风格。

一、场独立性与场依存性

20世纪40年代初，美国著名的心理学家威特金和阿奇合作进行了"棒框实验"。研究者让被试者走进一个完全黑暗的房间里，并要求其观察一个可以左右倾斜的发亮的框和框中可以左右倾斜的发光的棒，并且在框倾斜时将棒调到与地面垂直的状态。实验发现被试者存在非常明显的自我一致性的差异。威特金又相继设计了许多实验，如身体顺应实验、转屋实验及镶嵌图形测验。实验结果表明被试者在上述各实验中的表现存在着非常明显的内部一致性，即被试者在棒框实验中如果将棒调到垂直状态，也容易在身体顺应实验、转屋实验中将身体调至垂直，同时在镶嵌图形测验中找到简单图形所需时间也较短。说明个体在许多活动中的表现是一致的。针对个体对外部线索和身体内部线索依赖程度的差异，将其分为场依存性者和场独立性者。

(一)场依存性者

场依存性者不易从复杂图形中找到指定的简单图形,这说明他们的认知改组技能较差。记忆方面,更擅长记忆和学习包含社会性内容的化学阅读材料。在可利用的信息不清晰、不充分的条件下,喜欢利用别人的信息推测自己的结论。对专业的兴趣和偏好方面,则更喜欢与人打交道的、不需要认知改组技能的专业。场依存性者对社会线索更敏感,更喜欢与人有联系的情境,在人际关系中更多地考虑他人的意见,对别人的想法和感受非常敏感,与他人交往有着丰富的经验,使得他们更容易与他人相处,更倾向于选择与人有关的社会工作。

(二)场独立性者

场独立性者能较快地从复杂图形中找到指定的简单图形,说明他们的认知改组能力较强。在记忆活动中,对缺乏组织的化学阅读材料记忆和学习的效果比场依存性者要好。在信息不清晰、不充分的情况下倾向于利用自身已有的标准推测结论。在问题解决方面,比场依存性者更能从习惯的解题模式或策略中摆脱出来,采用新的解题方法。在专业的兴趣和偏好方面,场独立性者对抽象的化学原则和化学概念更感兴趣,更喜欢与人无关的、需要认知改组技能的专业,如数学、化学等。人际关系方面,场独立性者表现得更有自主性,较少考虑他人的意见,在与他人的交往活动中,表现得冷漠、苛求、不体谅别人、摆布他人、与他人保持距离等。

二、沉思型与冲动型

凯尔盖尔和高根提出沉思-冲动型风格,指的是个体回答某一问题时的反应状况。梅西克认为针对某个问题沉思型与冲动型的反应不同。沉思型个体倾向于思考后才给出答案,而冲动型个体倾向于立刻给出答案,不管答案是否正确[6]。卡根在研究中发现沉思型的人归纳推理能力更强,更能从归纳学习中获益[7]。加尔加洛发现沉思型儿童比冲动型儿童有更好的学术资质[8]。

(一)沉思型

当碰到问题时倾向于认真思考,用充足的时间考虑、审视和分析问题,权衡各种可能的解决方法。沉思型学生具有更为成熟地解决问题的策略,遇到一个化学问题时,更多地去考虑不同的假设,更善于通过其他途径寻找更多的资料和新方法来解决问题,在加工人物信息方面采用系统和成熟的策略,因而适合开展化学实验探究。他们喜欢合作,乐于沉思,逻辑性强,总是有条不紊,注意到细微变化,在学习活动中表现出较强的耐力和意志力。如果时间紧迫,任务繁重,他们便难以发挥思维缜密的优势,有时还表现出内心烦躁式的不知所措。

(二)冲动型

直觉思维能力强,解决化学问题的速度较快,仓促之间推测出答案,犯错误的次数较多。在实际的课堂中,冲动型学生在课堂上发言踊跃,敢于表达自己,喜欢参与竞争,在老师的引导下能够快速融入到学习活动中。

三、聚合、发散、同化和顺应型

学习者有着自己的经验。他们知识的形成过程是"抓住经验"和"转化经验"的过程。

其中"抓住经验"是指具体经验和抽象概括,"转化经验"是指反思性观察和活动性实践。具体经验、抽象概括、反思性观察和活动性实践共同构成了整个学习中关联的四个步骤。化学学习被看成四个步骤的循环过程:从具体经验开始,形成观察和反思,通过抽象概括理解概念,并用于指导新的实践以及与世界的互动。科尔布对"学习风格"的研究建立在其经验学习理论基础之上,分类如图9-1所示[9]。

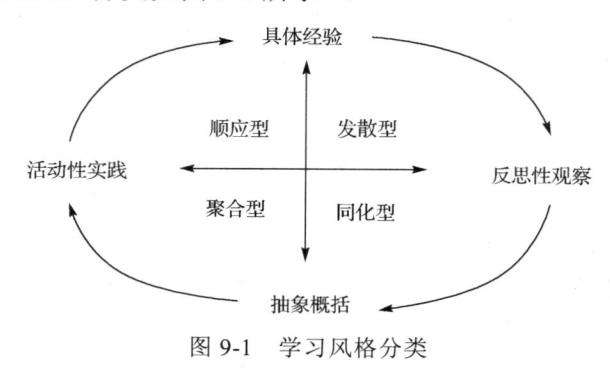

图 9-1 学习风格分类

科尔布将"学习风格"置于学习过程中,四个象限分别代表了四类"学习风格",它们均有各自的特征,在学习上也表现出了明显不同的倾向[9]。

① 发散型:对人际交往很感兴趣,爱好艺术文化,喜欢收集信息,善于从不同的角度分析信息,善于用多种方法解决问题;喜欢小组活动,喜欢倾听他人的反馈;具有丰富的想象力和情感。

② 同化型:对人际交往不太关注,喜欢阅读,乐于思考,善于使用逻辑的形式理解信息;对抽象的理论和概念比较感兴趣;认为理论比实际的价值更重要。

③ 聚合型:不喜欢人际交往,喜欢技术性的任务。喜欢化学实验和实践活动,擅长通过不断探索的方法来解决问题,善于用新的观点来尝试实践,发现观点和理论的实际用途。

④ 顺应型:喜欢与人合作,倾向于将自己的感情表达出来。在解决问题时,倾向于从他人那里获取信息,或通过尝试错误,而不是通过自己的分析,比较善于执行计划并愿将自己投身于新的或富有挑战性的工作中。

第二节 化学学习指导的模式

不同学习风格的学习者适合不同的学习策略。鲁宾提出如果教师知道成功的学习者是怎样做的,可以将这些策略教给学生,尤其是不善于使用学习策略的学生,帮助他们取得成功。可见,教师需要观察学生,并向学生学习,从而找到学生获得成功所必须具备的策略[10]。

一、先学后教模式

先学后教指改变教师讲授为主的教学模式,使学生成为教学的主体,教师转变为指导者和辅助者,教学顺序改变为学生"先学"而教师"后教",以保证教学在学生自主学习的基础上更具针对性。该教学模式将课型分为两类:自主学习课和延伸学习课,两种课型循环使用,每一个循环完成一个教学课题。自主学习课:学生在导学教案指导下的学习课,通过独立学习、互助学习或师生互动等学习方式,理解该节课的核心内容。延伸学习课:是学生自主学习后的延伸,解决学生在自主学习后仍存在的或新生成的问题,加深对所学知识的理解,提升学习能力。自主学习课和延伸学习课可采用问题教学法,让学生在自主学习的基础上,探索解决一个个的问题,从而培养学生发现问题、解决问题的能力[11]。

案例 9-1 "碳酸钠和碳酸氢钠的性质"自主学习及延伸学习课[11]

河北南宫中学的刘老师以人教版《化学1(必修)》"钠的重要化合物"为例,设计自主学习课,具体内容如下:

① 通过阅读教材等资料自学 Na_2CO_3 及 $NaHCO_3$ 的性质。

② 通过小组合作学习,根据自学或已有知识,尽可能多地列举 Na_2CO_3 和 $NaHCO_3$ 两种白色固体的鉴别方法。

延伸学习:

学生展示方法1:两种白色粉末外观不同。白色发暗的为 Na_2CO_3,白色发亮的为 $NaHCO_3$。

教师提问1:你能解释一下他们外观上为什么呈现这样的不同吗?

问题解决:Na_2CO_3 固体为白色粉末,$NaHCO_3$ 固体为白色晶体。

学生展示方法2:利用两种固体溶解度不同。相同温度下,Na_2CO_3 的溶解度大于 $NaHCO_3$ 的溶解度,且溶解过程中 Na_2CO_3 有明显放热。

教师提问2:向 Na_2CO_3 溶液中通入足量的 CO_2,会有什么现象?为什么出现这样的现象?

问题解决:溶液变浑浊。原因是 $NaHCO_3$ 的溶解度小于 Na_2CO_3 的溶解度,且生成的 $NaHCO_3$ 质量大于原 Na_2CO_3 质量。

学生展示方法3:利用两种溶液碱性不同。等浓度的 Na_2CO_3 溶液的碱性比 $NaHCO_3$ 溶液的碱性强。

教师提问3:判断溶液碱性强弱可以用什么实验方法?实验时最需要注意什么问题?

问题解决:可以加酚酞试液看颜色深浅,可以用pH试纸或pH计测其pH;实验时需控制两种溶液的浓度相同。

学生展示方法4:利用两种固体的热稳定性不同。$NaHCO_3$ 固体受热易分解为 Na_2CO_3、CO_2 和 H_2O。Na_2CO_3 受热不分解。

教师提问4:若采用以上装置(图9-2)实施该方案,应该如何放置两种固体?为什么?

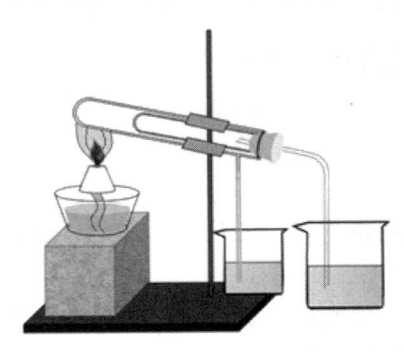

图 9-2 $NaHCO_3$ 与 Na_2CO_3 加热实验

问题解决：应将 $NaHCO_3$ 固体置于内管。内管温度较低，外管温度较高，这样得出的实验结论更有说服力。

学生展示方法 5：利用两种固体与等浓度盐酸反应的现象不同。Na_2CO_3 与盐酸反应速率较慢，$NaHCO_3$ 与盐酸反应速率更快。

教师提问 5：两种固体与等浓度盐酸反应的速率为什么不同？

问题解决：HCO_3^- 结合 H^+ 即产生气体：
$$HCO_3^- + H^+ = H_2O + CO_2\uparrow;$$
CO_3^{2-} 先结合 H^+ 生成 HCO_3^-，HCO_3^- 再结合 H^+ 才生成气体：
$$CO_3^{2-} + H^+ = HCO_3^-$$
$$HCO_3^- + H^+ = H_2O + CO_2\uparrow$$

学生展示方法 6：利用两种固体与 $CaCl_2$ 溶液的反应现象不同：

Na_2CO_3 与 $CaCl_2$ 反应产生沉淀：
$$CO_3^{2-} + Ca^{2+} = CaCO_3\downarrow$$

$NaHCO_3$ 与 $CaCl_2$ 不反应。

教师提问 6：能否采用 $BaCl_2$ 代替 $CaCl_2$？

问题解决：$BaCO_3$ 和 $CaCO_3$ 都是沉淀，理论上可以用 $BaCl_2$ 代替 $CaCl_2$。

教师提问 7：能否采用 $Ba(OH)_2$、$Ca(OH)_2$ 代替 $CaCl_2$？

问题解决：$Ba(OH)_2$[或 $Ca(OH)_2$]与 Na_2CO_3、$NaHCO_3$ 都发生反应，所以不能用 $Ba(OH)_2$ 或 $Ca(OH)_2$ 代替 $CaCl_2$。

二、比赛学习模式

教师设计具有挑战性的比赛活动。活动中，学生分小组相互分享、交流、讨论，并在竞争的过程中相互学习、启发与借鉴。化学教学比赛活动形式多样，学习氛围热烈，在比赛过程中学生的注意力都放在比赛规则和内容上，没有刻意掌握化学知识时的心理负担，参与比赛的过程会使学生心情舒畅、情绪饱满。在这种状态下，大脑皮层兴奋，注意力格外集中，思维也容易被激活，学习自然变得轻松愉快。比赛过程中，学生踊跃上台，尽最大努力去展示，希望赢得师生的认可、赞扬，以获得成就感和满足感。试想，台上表演引人入胜、各显神通；台下观众兴趣浓厚、掌声不断，结束时还要评选出最佳参与者或表现者，这无疑会将课堂学习气氛和学生学习情绪不断推向高潮。

案例 9-2 "几种常见的盐"比赛活动设计[12]

雍老师以"几种常见的盐"为例设计比赛活动。课前准备实验仪器和药品，比赛道具及自学单等，具体内容如下：

实验准备：

仪器：试管、试管架、增氧酒精灯、酒精灯、烧杯、铁架台、带导管的单孔橡皮塞、胶头滴管。

药品：碳酸钠、碳酸氢钠、碳酸钙、氯化钠、稀盐酸、澄清石灰水、酚酞试液。

道具：四张分别写有氯化钠、碳酸钠、碳酸氢钠、碳酸钙四种盐的名字和化学式的牌子；麦克风；亮分牌。

课前自学单(部分)

第七章　第三节　几种重要的盐(第二课时)

1. 氯化钠：略。
2. 碳酸钠：略。
3. 碳酸氢钠：略。
4. 碳酸钙

按图 9-3 所示装置连接。烧杯中的现象是_____，发生反应的化学方程式为_____，向反应完冷却后的试管中加入少量水，用手触摸试管感到发烫，说明此反应_____热量(填"放出"或"吸收")，化学方程式为_____。由此可知，碳酸钙分解的化学方程式为_____，属于_____反应。

图 9-3　碳酸钙分解实验

小组分配：50 名学生共分成 5 组。第五组为评委组 7 人，第一组至第四组各 10 人。剩下的 3 人中，1 人为主持人，2 人统计分数。课前小组长抽签确定展示顺序：第三组介绍氯化钠；第一组介绍碳酸钠；第四组介绍碳酸氢钠；第二组介绍碳酸钙。

教室布置：

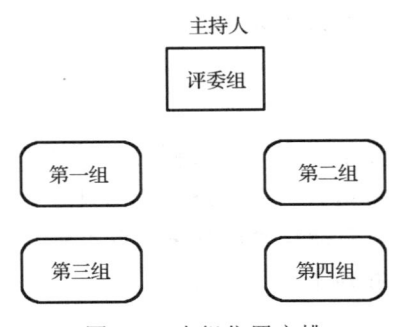

图 9-4　小组位置安排

教学过程：

赛前准备

教师：欢迎步入化学星光大道。有请主持人上场。

主持人：下面进入第一关：闪亮登场。比赛规则是：四位选手分别介绍自己的名字、化学式、性质及用途。介绍的形式多样、方式多样。介绍的形式越新颖、介绍得越清晰全面，得分越高。四位选手各就各位。

闪亮登场

第三组代表：我叫氯化钠，俗称食盐，化学式是 NaCl。

板书：NaCl

讲述：我是白色固体，易溶于水，有咸味。生活中我是调味剂，可以增加食物的鲜味，能做出美味可口的饭菜。早餐花样层出的小咸菜离不开我的功劳。而且，我还能做防腐剂，杀灭细菌，保护肉类等食品不变质。没有我，就不能维持细胞代谢、各种器官生理功能和生命活动的正常进行。大家说，我重要不重要啊？

学生（齐答）：重要。

第一组代表：我叫碳酸钠，俗称纯碱，化学式是 Na_2CO_3。

板书：Na_2CO_3

讲述：我是白色固体，易溶于水。在生活中我也叫苏打，大家经常喝的饮料"苏打水"就是用我制成的。我厉害吧！我还有更厉害的呢。家里和面蒸馒头加入我后，变得疏松多孔，好看又好吃。原理就是我能把发酵产生的乳酸反应掉，从而使馒头没有酸味，而馒头上的"千疮百孔"就是生成的二氧化碳钻出来造成的。在工业上我的用途也非常广泛，是"三酸两碱"中重要的一员，是玻璃、造纸、肥皂、洗涤剂、纺织、制革等工业的重要原料，而我的制法一直被英、美、法、德等国家垄断。直到 20 世纪 40 年代我遇到了我的恩人——侯德榜先生，他对我的制法进行了改进和创新，创造了"侯氏联合制碱法"，这是我们中国的骄傲，是我们学习的榜样。

第四组代表：我叫碳酸氢钠，俗称小苏打，是碳酸钠的"弟弟"，化学式是 $NaHCO_3$。

板书：$NaHCO_3$

讲述：我是白色固体，易溶于水。碳酸钠具有的很多本领，我也有。我也能做蛋糕、条酥等好吃的，而且如果你胃痛了，返酸了，我还能帮你治疗。如果你一不小心皮肤上溅了酸，涂抹上我就行了，因为我溶于水后显碱性。

第二组代表：我叫碳酸钙，是石灰石、大理石、鸡蛋壳、贝壳、珍珠、方解石的主要成分，化学式是 $CaCO_3$。

板书：$CaCO_3$

讲述：我是白色固体，不溶于水。二氧化碳通入澄清石灰水生成的浑浊物就是我。我的用途也非常广泛，室内装修用的大理石、建筑上打地基用的基石、铺路用的小石子，都离不开我。在实验室中通常用我和稀盐酸反应来制取二氧化碳气体。另外，我还能补钙呢！腰不酸了，腿不疼了，上楼也有劲了。

学生：边鼓掌边哈哈大笑。

主持人：请评委打分，统计组统计分数。四组同学讨论、合作，做好下一环节的准备。好，下面公布分数：第一组：64.5分；第二组：63.5分；第三组：59.5分；第四组：63分。很遗憾，第三组淘汰，第三组同学做好其他三组的补充，根据补充的情况酌情加分。下面进入第二关：才艺大比拼。比赛规则是：三名选手，依次介绍各自的特性，可以借助演示实验等多种形式。根据"才艺"的大小，酌情打分。

才艺大比拼

第一组代表：同学们，知道我为什么叫纯碱吗？下面大家请看一个实验[如图9-5(a)所示]。

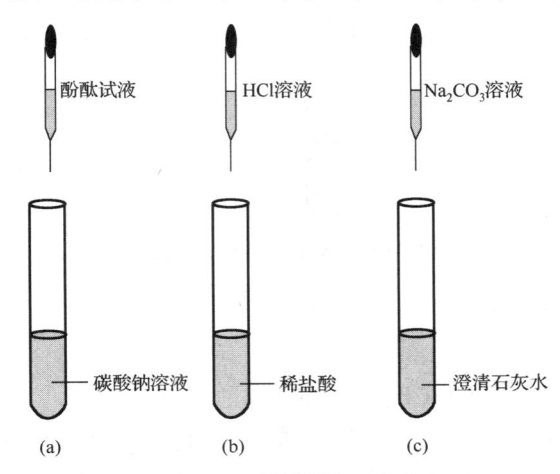

图9-5 碳酸钠性质实验

演示：向碳酸钠溶液中滴加3滴酚酞试液，溶液变成了什么颜色？

学生：红色。

教师：这说明碳酸钠溶液显什么性？

学生：显碱性。

教师：这就是碳酸钠为什么叫纯碱的原因。碳酸钠还能与盐酸反应生成CO_2用于灭火，请看实验[如图9-5(b)所示]。你们看到了什么现象？

学生：产生大量气泡。

板书：$Na_2CO_3+2HCl=2NaCl+CO_2\uparrow+H_2O$。

教师：碳酸钠在工业上和熟石灰一起能制造烧碱，请看实验[如图9-5(c)所示]。你们看到了什么现象？

学生：产生白色沉淀。

板书：$Na_2CO_3+Ca(OH)_2=CaCO_3\downarrow+2NaOH$。

教师：同学们，你们有什么方法证明碳酸钠在该反应中是过量的呢？

学生甲：取过滤后的清液，滴加盐酸，若冒气泡，就说明碳酸钠过量。

学生乙：取过滤后的清液，滴加澄清石灰水，若又出现沉淀，就说明碳酸钠过量。

学生丙：直接滴加酚酞试液，若变红，就说明碳酸钠过量。因为碳酸钠溶液显碱性。

学生丁：丙同学说的不对，因为生成的氢氧化钠溶液也显碱性，也能使酚酞试液变红。

教师：好，第三组四位同学回答非常好，给第三组加35分。

第三组同学：鼓掌，欢呼。

第四组代表：大家都知道我能治疗胃酸过多，但你们知道原理吗？请看实验（如图9-6所示）。

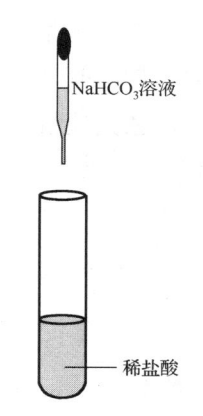

图9-6 碳酸氢钠性质实验

教师：你们看到了什么现象？

学生：产生气泡。

板书：$NaHCO_3+HCl=\!=\!NaCl+CO_2\uparrow+H_2O$。

教师：碳酸氢钠与碳酸钠最大的区别是碳酸氢钠在加热时能分解，而碳酸钠不能。有请我的助手，一起来完成这个对比实验（如图9-7所示）。出现了什么现象？

第三组学生：左边的烧杯中澄清石灰水变浑浊，而右边的没变浑浊。

板书：$2NaHCO_3\xrightarrow{\Delta}Na_2CO_3+CO_2\uparrow+H_2O$。

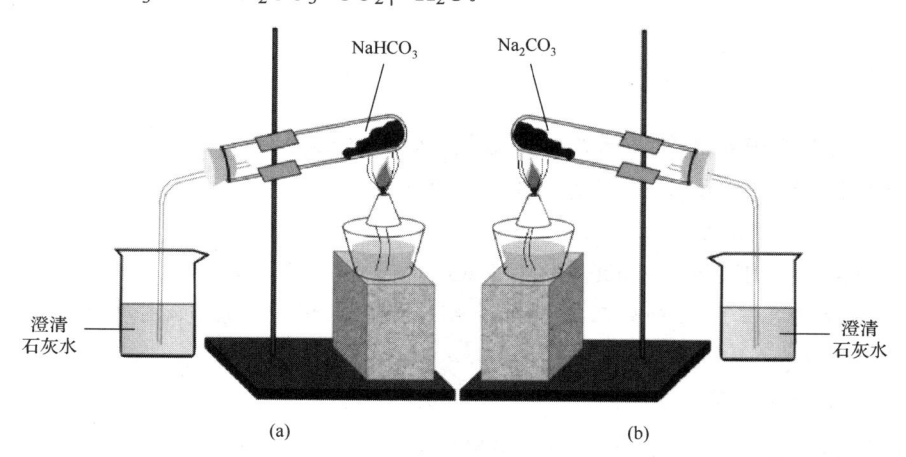

图9-7 碳酸氢钠性质实验

教师：第四组这个对比实验设计得非常巧妙。两位同学的操作也比较规范。需要强调的是：在实验结束后，要先拔掉橡皮塞，以防止倒吸炸裂试管。第三组再加5分。

第二组代表：大家好，我是石灰家族的成员，我叫碳酸钙。不知道大家有没有细心发现，在野炊时做完饭后用的石头变得脆了。大家知道什么原因吗？下面我和我的助手一起做个实验来探究一下[如图9-8(a)所示]。烧杯中出现了什么现象？

仪器与药品：石英试管（规格：25 mm×200 mm）、带导管的单孔橡皮塞、导管、烧杯（规格50 mL）、铁架台（带铁夹）、酒精喷灯、镊子、碳酸钙、澄清的石灰水。

实验步骤：1. 按图连接仪器并检查气密性。2. 用镊子向试管中加入3到5粒碳酸钙。3. 向烧杯中加入少量澄清石灰水。4. 点燃酒精喷灯给试管加热。5. 观察并记录实验现象。

实验现象：澄清石灰水变混浊。

教师：由此可见，碳酸钙在很高的温度下生成了CO_2气体，那么在试管里剩下的白色固体是什么呢？请继续观察实验[如图9-8(b)所示]：取剩余固体于烧杯中，加入适量水，用手触摸烧杯外壁，感觉烫手；然后，滴加3滴酚酞试液，结果酚酞变红，说明此时的液体呈碱性。

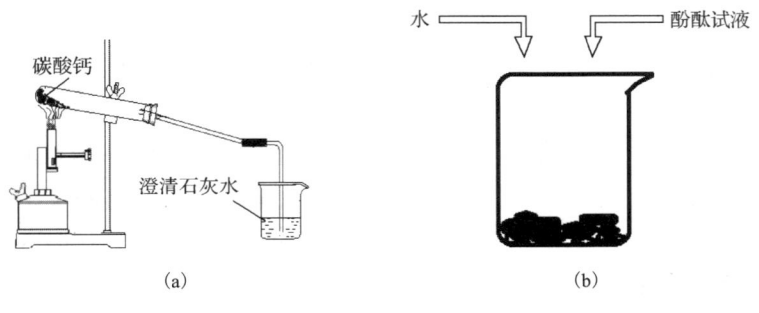

图9-8

板书：$CaO+H_2O=Ca(OH)_2$。

教师：大家知道该白色固体是什么了吗？

学生：是生石灰——氧化钙。

板书：$CaCO_3 \xlongequal{\text{高温}} CaO + CO_2 \uparrow$。

主持人：请评委打分，统计组统计分数。四组同学讨论，做好下一环节的准备。好，下面公布分数：第一组：64分；第二组：63分；第三组：40分；第四组：62分。很遗憾，第四组淘汰，第四组和第三组同学做好其他两组的补充，根据补充的情况酌情加分。下面进入第三关：一锤定音。比赛规则是：两名选手依次介绍各自的优势，做最后的冲刺。其他两组也可做适当的补充，酌情加分。

一锤定音

第一组代表：我叫碳酸钠，是我们钠盐家族的一员。我与我的"弟弟"碳酸氢钠，还有氯化钠之间是可以相互转化的。我、碳酸氢钠都能与盐酸反应生成食盐（氯化钠）；而碳酸氢钠在加热的条件下也能转化成我。这就是我们最大的优势。

板书：

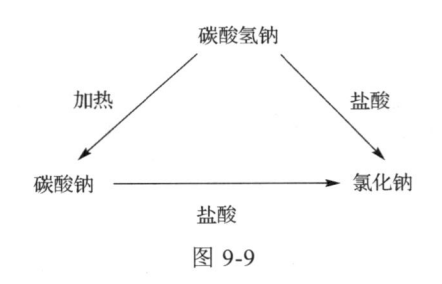

图9-9

教师：第三组的同学还有补充的吗？

第三组学生：我们组从资料上查得碳酸钠之所以显碱性，是因为它属于强碱弱酸盐。所以，碳酸氢钠溶液也显碱性。

教师：非常好。这是到高中以后才学的内容。有的盐溶液显中性，有的显碱性，也有的显酸性。看来第三组同学真的下了一番功夫。再加10分。

第二组代表：大家好，我们石灰家族来了。我们三兄弟都是白色固体，相互转化关系如下（见图9-10）。

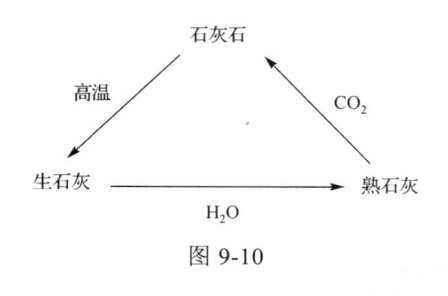

图9-10

明朝的于谦将领为了表达自己的清白，曾以石灰作了一首诗：

石灰吟

千锤万凿出深山，

烈火焚烧若等闲。 $[CaCO_3 \xrightarrow{\text{高温}} CaO + CO_2\uparrow]$

粉骨碎身浑不怕， $[CaO + H_2O = Ca(OH)_2]$

要留清白在人间。 $[CO_2 + Ca(OH)_2 = CaCO_3\downarrow + H_2O]$

教师：第四组的同学还有要补充的吗？

第四组学生：我们组也从资料上查得高温煅烧石灰石，也是工业上制取CO_2的原理。

教师：不错，的确如此。第四组也加10分。

主持人：请评委打分，统计组统计分数。四组同学拭目以待，总冠军究竟花落谁家。好，下面公布分数：第一组：61分；第二组：64分；第三组：10分；第四组：10分。总分是：第一组：189.5分；第二组：190.5分；第三组：109.5分；第四组：135分。总冠军是第二组碳酸钙。请第二组代表做获奖感言。

获奖感言

第二组代表：非常感谢老师、主持人、各位评委，还有第二组的全体同学，付出总会有回报。其实，我和碳酸钠、碳酸氢钠一样同属于碳酸盐，因为我们都含有CO_3^{2-}。那么，怎样可以证明我们是碳酸盐呢？我给大家检验一下。在左侧试管中放入少量Na_2CO_3或$NaHCO_3$，滴加2~3ml稀盐酸（见图9-11）。

图9-11

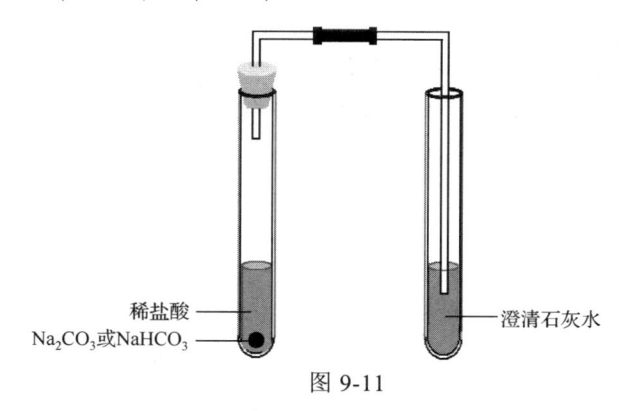

教师：大家观察到了哪些现象？左边的试管中冒出气泡，右边的试管中澄清石灰水变浑浊。这就是碳酸盐（CO_3^{2-}）的检验方法。

三、实践活动学习模式

在真实情境中，以教师与学生的协作为基础，通过分析、设计、开发和实施的反复循环，设计实验方案，把最初的设计付诸实施，检测效果，根据实践的反馈不断改进设计，形成一种更为可靠而有效的方案。实验活动面向全体，尊重差异，让每个孩子都有收获，都能获得最有效的发展，提高学生的化学学科核心素养[13]。

案例9-3 "伊犁河畔野生沙棘树的调查与研究"实践活动

活动背景：

新疆兵团第四师七十三团中学组织八年级学生参加野外考察实践活动，途经新疆维吾尔自治区伊宁县英塔木乡的"伊犁河谷次生林自然保护区"，看到很多游人到这里采摘熟透了的野生沙棘果。看到这一情景，张老师组织八年级科技实践活动小组10名学生，在辅导老师的带领下研究七十三团靠近伊犁河边的一大片野生沙棘树，主要调查野生沙棘树生长、野生沙棘生态作用及现状、野生沙棘的营养与药用价值，为什么这么多游人采摘野生沙棘果？带着这些好奇和问题科技实践活动小组决定以"伊犁河畔野生沙棘树"为线索确定一个活动主题《伊犁河畔野生沙棘树耐盐碱机理，药用、营养及社会价值的调查与研究》。在考察与研究过程中，主要解决的问题是对伊犁河畔进行实地考察和采访，同时对野生沙棘果营养价值进行调查，通过实地考察、采访和查阅资料得出结论，最后形成报告。

活动目标：

(1)社会参与。学生去走访市场，实地考察、采访，查找资料了解野生沙棘果的药用价值。

(2)科学思维。学生在探究、体验中发现问题，初步学会用科学的方法、严谨的态度去分析和解决现实问题。

(3)学会学习。整个活动过程涉及化学、语文、数学、地理、生物及信息技术等多门学科知识，理论联系实际，使学科知识在实践活动中得到整合，拓宽活动维度达到学以致用的目的。

(4)实践创新。走进伊犁河，亲近自然。学生能在实地考察中发现野生沙棘果生长情况，懂得用科学的方法去观察，用科学的实验去验证，提升实践能力。

活动重点：野生沙棘树的生长环境、生态作用及现状、野生沙棘的营养与药用价值等主题的调查与研究。

活动难点：调查活动中小组有效合作，开展探究；学生自主发现问题，与农业科技人员进行交流与探讨；掌握调查研究的科学方法，以促进自身实践活动能力的提高。

活动具体安排：

第一阶段：制定研究计划

调查1：沙棘树的生长情况及习性。根据计划开展活动，上网搜索、去图书馆调查收集关于沙棘的资料，进行加工整理。最后实地调查、采访，了解沙棘树为什么耐盐碱。观察记录表见表9-1。

表 9-1 《伊犁河畔野生沙棘树生长情况》活动观察记录表

班级：　　　　　　　　　指导老师：

小组课题					
观察时间		观察地点		观察对象	
观察人				记录人	
观察目的					
观察过程					
观察收获及感受					

调查 2：沙棘的药用、营养及社会价值。在调查活动中，学生自主发现问题，了解沙棘的药用价值，掌握调查研究的科学方法，以促进自身实践活动能力的提高。

来到伊犁河实地考察沙棘树的生长情况，通过采访了解沙棘的营养、药用价值、社会价值等相关方面的知识，采访记录表见表 9-2，并到图书馆或上网查找相关资料。

表 9-2 采访记录表

采访时间		采访地点		被采访人	
采访主题			采访目的		
采访提纲（问题）					
采访记录					

第二阶段：活动实地考察与实验阶段

具体活动的内容如下：

(1) 调查"沙棘的生长情况"，了解沙棘的开花、发芽、结果的情况。内容如下：七月的沙棘树长得越发茂盛，一棵棵粗壮的树干稳稳地扎在土里，粗细不均的树枝依次从树干上蔓延，树干上长满了翠绿的树叶，树叶周围有大小不一的果实，橘黄色的果实紧挨在一起，中间并没有太大的缝隙，所有沙棘树上的果实汇聚在一起，呈现出大片的橘色区域。我们发现河畔周围的沙棘树长得最好，因为沙棘树需要盐碱土，也需要一定的水量，河畔周围刚好有盐碱土，也有一定的积水。沙棘树对阳光也有依赖，阳光越好，沙棘树的生长越好，见图 9-12。

(2) 调查"沙棘的药用、营养及社会价值"。在调查活动中，学生自主发现问题，提出问题和解决问题，走访情况见图 9-13。药用价值：沙棘果和沙棘籽油具有很高的药用价值，可降低胆固醇，预防动脉粥样硬化；有祛痰、止咳的作用；有消食化滞的作用等。营养价值：沙棘果实营养丰富，据测定其果实中含有多种维生素、脂肪酸、微量元素等物质和人体所需的各种氨基酸。社会价值：沙棘籽油含有大量维生素 E、维生素 A 等，可有效抑制自由基以达到延缓衰老的作用，因此沙棘籽油被化妆品产业用作重要的高级化妆品原料。

图 9-12

图 9-13

第三阶段：成果展示与评价阶段

(1) 开展总结性活动

教师：通过以上 2 个阶段的活动，请同学们汇报自己的活动过程和活动感受，展示研究成果。重点汇报自己是怎样开展研究的，采用了哪些方法，在活动中遇到了哪些困难，是如何克服的，有哪些活动感受或体验，取得了哪些研究成果。

学生汇报。

(2) 汇报结束后，教师引导同学间互动提问、答辩、建议。

教师：你对上面的汇报内容有什么疑问？对他们的研究方法有什么建议？对他们的研究成果有什么看法？

学生：将研究结果做成手抄报，展示在大厅，让更多同学了解、认识七十三团伊犁河畔野生沙棘的主要价值。

四、实验创新学习模式

充满创造性的化学实验活动能让学生发挥他们的主观能动性，积极地投入到学习活动中，从而提高化学学习效率。正如我国著名化学家戴安邦先生所说：化学实验室应该是学生学习最有效的和收获最丰富的场所，在化学实验教学中学生动手、观察、查阅、记忆、思考、想象和表达等能力都能得到一定的训练和提升[14]，有利于学生掌握化学学习策略，提升解决化学学习问题的能力。

案例 9-4　"二氧化碳的制取与性质"实验创新学习[15]

马老师在沪教版《化学（九年级上册）》"二氧化碳的制取与性质"的教学中，给学生的创新搭建桥梁，打通"最近发展区"，引领学生多方位、多角度地思考，应用"模仿创造法"，大胆创新。马老师要求学生追求实验装置的科学美与造型美，鼓励学生拿出怀疑的勇气，激发创新的潜能。具体内容如下：

教师：教材上制取二氧化碳的发生装置不能控制反应的发生或停止，那么如何设计才能使反应可控呢？

教师：首先展示如图 9-14 所示的发生装置，帮助学生明晰反应可控的原因——创造了便于固、液试剂接触或分离的条件。

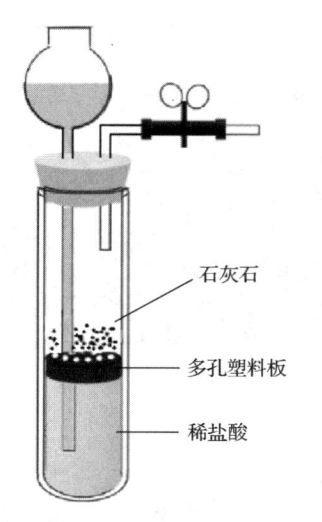

图 9-14　反应可控的二氧化碳发生装置

学生：模仿图 9-15 装置，开动脑筋、不断修正，终于设计出多个反应可控的气体发生装置（见图 9-15）：

图 A 通过弹簧夹的开启和关闭控制反应（酸动、石灰石不动）。
图 B 通过倾斜或直立碳酸饮料瓶控制反应（酸动、石灰石不动）。
图 C 通过上下移动粗铜丝控制反应（石灰石动、酸不动）。
图 D 通过上下移动烂底试管控制反应（石灰石动、酸不动）。

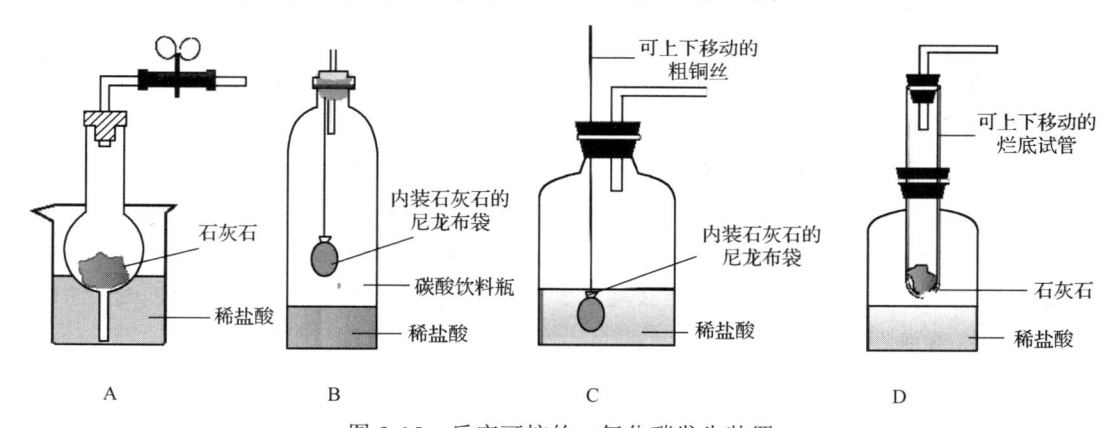

图 9-15　反应可控的二氧化碳发生装置

第三节　教师如何提升化学学习指导艺术

学习指导主要是解决学生"能学、愿学、会学"的问题。能学指的是学生具备一定的观察、思考及分析能力，能够解决化学学习问题；愿学指的是学生对化学学习内容感兴趣，乐于学习化学，并能克服在学习过程中存在的问题；会学指的是学习过程的各个环节及其方法的应用，包括预习、上课、实验、作业、复习和总结等方法，主要解决的是会不会学的问题，这方面的内容也是学法指导的重点。美国心理学家布朗认为当教师教学生使用某种记忆策略时，他们能很好地运用这些策略，但在后来未要求他们完成类似的任务时，他们却不能自动地运用这些策略，即学生所获得的策略性知识处于一种僵化状态。因此策略教学的内容应包括三个方面：其一，教师教会学生使用具体策略，并巩固练习；其二，教师引导学生使用该策略，并监控策略的使用情况；其三，让学生了解策略的使用价值和使用范围。即学生在具体的学习过程中应知道做什么，如何做，什么时候去做，并努力做好[16]。教师应关注以下几点[17]。

一、给学生任务，让他们知道该"做"什么

化学课堂上，教师除了激发学生学习的兴趣外，还应该设定目标。让学生明确需要完成的任务。有了任务和目标，学生就知道该"做"什么，学习积极性自然也会提高。教师在制定学习任务时，应考虑学生的认知和个性差异，针对不同等级的学生设计不同层次的任务，由简到繁，由易到难，并给予学生不同程度的指导和帮助。教师也让学生之间相互交流，相互帮助，在合作中共同完成任务，并在活动中反思自己的策略，借鉴别人的策略，从而提升解决问题的能力。

二、注重实践操作，加深对知识的理解

杜威一直强调教师可以通过实验操作来加深对知识的理解，进而帮助他们掌握学习策略和提升运用知识解决问题的能力。在实践操作的过程中，教师应相信学生能够做好，鼓励学生敢于放手，积极为学生打造实验创新的平台，使基础知识学习与实验创新达到高度融合；重视创设质疑求新的氛围，鼓励学生使用身边物品改进和设计化学实验；注重发挥教师的主导作用，注意传授发明创新的技法。学生在实验创新的过程中，经历了发明和创造、体验成功和失败、增加自信和乐趣[15]。此外，教师还可以打通教室内与教室外的界限，鼓励学生走出课堂，通过调查、访问与参观活动提升视野，认识化学学科的独特价值。

三、赏识学生，让他们爱上课堂

正如夸美纽斯所言：我们应像尊重上帝那样尊重学生。赏识学生，让学生主动地参与到化学学习活动中，激发学生的好奇心和自尊心，让学生养成认真听课，勤于思考的好习惯。教师对学生的赏识，表现在恰当的表扬与评价，发自内心的鼓励和欣赏，让学生看到自己的优点和缺点，明确进步的空间和努力的方向。在教师的欣赏下，学生能够突破思维定势，提出新创意与新想法，尝试运用各种策略解决学习问题，从而提升学习能力。

参 考 文 献

[1] 李如密. 教学艺术论[M]. 北京：人民教育出版社，2011.
[2] 康淑敏. 学习风格理论——西方研究综述[J]. 山东外语教学，2003(3)：24-28.
[3] 谭顶良. 学习风格与教学策略[J]. 教育研究，1995(5)：72-75.

[4] 谭顶良. 论学习风格及其研究价值[J]. 南京师大学报(社会科学版), 1994(3): 46-50.

[5] 李寿欣, 宋广文. 场依存–独立性认知方式: 理论演进及其应用研究[J]. 内蒙古师范大学学报: 哲学社会科学版, 1999(2): 58-63.

[6] 袁平华, 黄师兰. 沉思–冲动型认知风格对英语学习者口语能力的影响研究[J]. 天津外国语大学学报, 2017(5): 43-50.

[7] 郑丽萍. 反思型和冲动型认知风格对语言学习的影响[J]. 广西广播电视大学学报, 2006(1): 37-41.

[8] 倪绍梅. 沉思–冲动型初中生数学学习特征的差异分析[J]. 教育观察(中下旬刊), 2015(7): 13-17.

[9] 严加平, 夏惠贤. 基于经验学习的学习风格研究述评[J]. 教育科学, 2006(1): 45-48.

[10] 赵宏, 陈丽, 赵玉婷. 基于学习风格的个性化学习策略指导系统设计[J]. 中国电化教育, 2015(5): 67-72.

[11] 刘志峰, 韩雪松. "先学后教"教学模式在高中化学教学中的应用——"碳酸钠与碳酸氢钠的性质"教学设计[J]. 化学教学, 2016(10): 35-38.

[12] 雍世伟. "星光大道"走进化学课堂——"几种常见的盐"教学设计[J]. 化学教与学, 2016(8): 71-75.

[13] 曲晓亮, 任燃, 王洪鹏. 基于设计的研究在探究式学习单开发中的应用——以中国科技馆电磁学学习单《奇妙的原电池》为例[J]. 中国博物馆, 2019(2): 104-110.

[14] 赵华. 高中化学实验教学的问题与对策[J]. 化学教育, 2013(9): 53-56.

[15] 马逸群, 魏海. 在实验改进和设计中培养学生的创新精神和实践能力[J]. 化学教学, 2016(10): 16-20.

[16] 刘晓明, 迟毓凯. 学习策略研究与学法指导内容的重构[J]. 中国教育学刊, 1999(1): 49-51.

[17] 邓涛. 名师高效课堂的引导艺术[M]. 重庆: 西南师范大学出版社, 2008.

第十章 化学教学艺术的风格

顾明远先生主编的《教育大辞典》对教学风格的定义是教学过程中，体现教师个人特点的风度和格调，是教师教学思想和教学艺术特点的综合表现。教学风格是教师教学艺术的体现，每一个优秀的化学教师都以形成自己的教学风格作为追求目标。化学教学是一项创造性极强的工作，化学教师通过自己对化学知识的理解，选择适合自己的教学策略，创造性地组织教学，灵活地运用教学机智，并在化学教学中逐渐完善教学方式，最终形成自己独特的风格。正如英国学者 N. 恩特威斯特指出的：不可能存在着一种"完美无缺"的教学方式。不同的教师在能力、特长和教学策略上存在着较大的差别，在教学中的表现自然存在有很大的差异，同时学生本身也存在着较大的差异，这就造成了不管教师多优秀也不可能适合于每一个学生。然而优秀化学教师与普通教师的区别在于，他们都非常注重发挥自己的创造性，善于运用自己的机智解决教学问题和理解教学经验，在自己创设的教学方式上获得成功，形成教学风格，并受到大多数学生的好评。可见，教学风格的形成既是化学教师创造性教学活动的表现和创造性教学的结果[1]，也是化学教师专业发展的必经之路。

第一节 化学教学风格的形成阶段

教学风格是化学教师在其教学实践中逐步形成的综合艺术模式。教师要形成自己的教学风格，一般经历以下四个阶段[2]。

一、学习阶段

每一位化学教师要想成为一名优秀的教育工作者，就必须深谙化学教学艺术，形成独特的教学风格。要形成自己的教学风格，需要系统地学习并掌握国内外教学艺术理论，了解国内外教育家和优秀化学教师的教学艺术观，化学教学艺术的本质、特征及规律，熟悉化学导课艺术、课堂提问艺术、实验教学艺术、教学板书设计艺术、习题教学艺术、结课艺术等。教师应尝试着在教学活动过程中以上述理论为指导，完成教学设计和教学实践，不断丰富自己的教学经验，进一步完善教学设计及教学活动，最终使自己的教学艺术发生质的飞跃，形成教学风格。

二、模仿阶段

化学教师教学风格的形成和培养离不开模仿。模仿可以扬长避短，加快教师成长的步伐。每一位教师教学都有自己的特点。例如：有的教师擅长提问，用巧妙的提问复习上一节课的内容，引入本节课的内容，或提出一个发人深省的问题，自然地引入下一节课的主题；有的教师擅长讲故事、举例子，往往从一些故事或实例开始攻破教学中的疑难之处等，这些教师都有一种相对稳定的教学风格。这些教学风格，正好为摹习者提供了有效的路径和活的样板。实际上，每一位化学教师在教学时，都会不自觉地效仿名师、自己的指导老师和同事的教学方式、教学语言等。模仿阶段对于教学风格的形成很重要，化学教师在模仿他人的过程中，需要反复观摩、不断模仿，方可达到熟能生巧和融会贯通的境界，才能在灵活多变的化学教学过程中灵活运用教学艺术，为教学风格的形成奠定基础。

三、创新阶段

教育教学归根结底是实践性活动，教师风格的形成需要教师勇于实践、敢于探索，才能真正实现自身的发展和学生的发展。美国心理学家波斯纳曾提出教师的成长公式是：经验+反思=成长。教师应不断地对自己的教学过程进行自我反思：包括反思自己的教学行为，反思与化学教育有关的观点，反思课堂上的某一个教学事件，反思自己的专业成长，反思学生的化学学习过程等。在反思的过程中实现从实践到理论的升华[3]，在此基础上不断研究各种化学教学艺术的规律及其发展变化的特点，并在教学中不断总结、创新、完善，最终形成一种适合自己的新的教学艺术。

四、稳定阶段

教师探索在教学艺术实践活动中不断反思、敏锐洞察和深刻分析，将零散的教学经验提升为系统的教学理论或先进的教学观念，最后形成鲜明的教学风格。教师拥有教学风格后，化学课堂凸现出浓厚的个性色彩，闪烁着智慧的火花，化学教学内容和教学形式独特而又自然地结合在一起。化学课堂自然成为使学生在潜移默化中启迪思想和提升素养的场所。

总之，化学教学风格的形成过程需要花费很长的时间，有的老师会用一生追求教学艺术形式、教学风格的形成。只有这样才有可能感悟化学教学艺术，进而形成自己的教学风格。教学风格的形成离不开教师对教育教学规律和教学艺术规律的探索，更离不开教师教学及教学艺术基本功的刻苦锻炼。教师要想形成自己独特的教学风格应当学会继承与发展、学习与创新，只有博采众长，集诸多经典教学风格于一身，并充分发挥自身优势的化学教师，才能在化学教学中游刃有余，挥洒自如。

第二节 化学教学艺术风格的特点

化学教学艺术风格是化学教学工作个性化的稳定状态的标志，也是其职业能力水平的标志，在教学过程中对化学教学效果产生直接的影响。一般具有下文的几个特点[4, 5]。

一、独特性

化学教师的教学艺术风格独特性受自身因素影响，也与其所处的教学环境有关。其中自身因素指的是专业知识水平、化学观、教育理念等是构成教学艺术风格独特性的主要因素。客观因素指的是教学环境、教学对象等。这两种因素的复杂性、多样性，也使得化学教师的教学艺术风格具有独特性。

二、多样性

在教学实践中，很多化学教师形成了多种教学艺术风格。课堂上，拥有多种教学艺术风格的教师比单一教学艺术风格的教师教学效果明显要好，因为这些化学老师不仅能够针对不同的化学教学内容采用不同的教学艺术风格，还能包容学生学习风格的多样性，让学生有机会按照自己的意愿来完成化学学习活动。这样的课堂风格多变、灵活生动，能够满足大多数学生的学习需求，提升学生的学习效率。

三、程式性

化学教学艺术风格一旦形成，便会以相对稳定的形式表现在各种不同的化学教学情境中，即一般表现为程式性的化学教学行为。程式性的教学行为有利于学生听课的适应性和良好学习习惯的养成。换句话说，化学教师教学行为的程式性能够满足班级中多数学生化学学习的需求。

四、高效性

相对稳定而又灵活多变的教学形式是提升课堂教学效率的基本前提。化学教学的高效性取决于是否符合化学教育的基本规律。只有符合教育规律的教学形式和策略，才能创设出具有鲜明的艺术特征，有利于学生主动性和创造性的化学课堂，从而使得化学学习更加高效。

五、积极性

化学教学艺术风格对化学课堂教学效果有积极的影响，有助于学生的发展。化学教师的教学艺术风格会影响学生的学习态度、学习兴趣和学习成绩，如果教师能针对学生不同的学习风格选择合适的教学内容和教学艺术风格，不但能够增强学生的化学学习兴趣，还能提高学生的学习效率。

六、发展性

化学教师的教学艺术风格一旦形成便具有相对的稳定性，但在化学教学的实践与反思中，教学艺术风格也会随之发生变化，即教学艺术风格具有发展性。随着教龄的增长，化学教师会选择使用有效的教学艺术风格，但是教龄超过20年的化学教师又可能使用效率较低的教学艺术风格，因为在长期的化学教学过程中他们熟练使用这些教学艺术风格，却很少花时间反思这些风格对教学是否有效。可见教学艺术风格的发展取决于教师对教学的感悟、不断的反思和积极的进取。

第三节 化学教学艺术风格的类型

化学教师的教学艺术风格对学生的发展具有隐性影响，即在"润物无声"中让学生受到化学教育熏陶。化学教师的教学是真的，自会赢得学生对于化学本质的探寻；化学教师的教学是善的，自会引发学生最真挚的情感和社会责任感；化学教师的教学是美的，自然会促进学生对科学之美的体悟和追求。教师在举手投足之间，就将自己的思想和对化学的热爱展现给了学生，在共同活动中互动与交流，不知不觉中，学生的成长中就有了化学教师教学艺术风格的影子[6]。化学教师的教学艺术风格有很多类型，本书列举了几种主要的教学艺术风格。

一、幽默型

幽默型化学教师的教学艺术风格体现在语言丰富生动、妙语连篇；内容鲜明形象、比喻得当；反应机智诙谐、巧妙沟通；整个教学过程动人心弦、欢声笑语，使人终身难忘。这种教师往往具有热爱生活的乐观态度和机智幽默的性格。化学课堂气氛轻松，师生关系融洽，教师传递的不仅是化学知识，还有快乐的情感体验和健全的人格魅力。

二、启发型

启发型的教师善于采用化学故事、事件、实验或问题创设出具有矛盾冲突的教学情境，激发学生的好奇心和探究的欲望，自然而然地进入到教学活动中。启发型的教学善于引导，可以跟学生共同体悟、讨论与分享，而不是用"标准答案"式的填充与灌输来完成教学。可以说，在启发型的教学情境下，教师允许学生发挥多重想象，开展多次尝试，运用多重联系及多种思辩，促使学生真正成为化学教学主体。

三、渊博型

知识渊博的化学教师教学内容有深度、有宽度，教学方式由浅入深、由表及里、由易到难，能让学生由一个化学问题拓展到一系列相似或递进的化学问题，训练学生的迁移能力，促使学生开拓思维，深入理解化学知识和激发探索精神。

四、咨询型

咨询型的教师在授课过程中会扮演咨询师的角色，鼓励学生共同参与到教师的课堂设计等环节，目的是从学生的学习兴趣出发组织教学。课堂上，教师为学生提供化学重点和难点，包括学生还没理解的知识点和研究方法等。这种教学艺术风格要求学生在学习的过程中主动学习、积极思考和及时提问，教师会及时且准确地提供化学教学内容和学习效果的反馈，帮助学生掌握学习内容、学习策略和学习方法等。教师会基于化学教学目标设计应用性或开放性的习题，并提供背景材料，由学生进行作答，教师及时评估。这种教学效果往往和既定的目标一致，但这种教学艺术风格因教师在教学设计环节会咨询学生的建议，课堂上又要花费时间给予学生及时反馈，导致整个教学流程和教学进度会比较慢[7]。

五、创新型

创新型的化学教师总是运用多种独特创新的方式和内容激发学生的化学学习兴趣。例如：课前播放一支化学内容相关的歌曲或舞台剧，活跃教学氛围；或者给出一个学生比较感兴趣的课题，让大家讨论并提出解决问题的策略；或设计学生角色扮演、模拟实验、辩论会等，全面提高学生的综合能力。这样的化学课程会让学生学会合作与互动，学会思考与创新。

第四节　教师教学艺术风格对学生发展的影响

化学教师教学艺术风格对学生影响的主要因素有：人格、气质、语言、观念和形象。其中化学教师的人格、观念和气质具有内隐性，教师的语言和形象则是教师教学艺术风格的外在表现。课堂上，化学教师的教学艺术风格对学生的发展产生潜移默化的影响，具体内容如下。

一、对学生个性的影响

化学教师的教学艺术风格对学生的个性发展会产生积极的影响。教师只有全身心地投入化学教学工作中，才会创造出高格调的教学艺术风格。教师是学生学习的榜样。言谈举止、气质、形象等都会对学生产生潜移默化的影响。当教师在教育教学实践中表现出对化学科学的追求和对化学家的欣赏时，学生也会受到影响，树立目标、坚定信念，逐渐形成良好的化学学习习惯。教师在化学课堂中展示的化学之美会间接地影响学生。例如，教师选择的教学素材、实验内容和现象等，都会对学生的审美产生一定的影响。教师可以发挥自身的优势、学识特长、化学教学艺术和对学生学习特点的深入理解，以学生乐意接受和富有趣味的方式呈现化学知识，并用自己擅长的一面影响学生，促使其发展[8]。

二、对学生学习风格的影响

化学教师的教学艺术风格直接影响学生学习风格的形成和发展。在学生学习风格丰富和发展阶段，教师的教学艺术风格对学生已有的学习风格起积极的引导作用。例如：启发型、咨询型和创新型风格的教师在化学教学过程中强调学生的主体地位，注重发挥学生的主观能动性，因而具有这几种类型教学艺术风格的教师深受独立型、发散型、聚合型等学习风格的学生喜爱；幽默型的教学艺术风格特别受依赖型、顺应型等学习风格的学生喜爱。不同教学艺术风格的化学教师会不同程度地调教出与之相匹配的学习风格的学生。可见，拥有多种教学艺术风格的教师更能满足学生学习风格发展的需求，因而化学教师应丰富与发展自己的教学艺术风格类型，促进学生成长[9]。

三、对学生思维发展的影响

不同教学艺术风格的化学教师通过展示其思维方式影响学生思维的发展。斯滕伯格曾做过教学思维风格的研究。研究对象是美国4所性质不同的中学的85名教师，研究结果显示学生的思维风格与教师的教学思维风格倾向于保持一致。在课堂中，化学教师展示自身的思维方式和解决问题的策略，学生在化学学习过程中不自觉地接受和模仿化学教师的思维方式，进而逐渐形成与化学教师的思维方式一致的思维方式。例如，创新型教学艺术风格的化学教师会更倾向于选择新颖有趣、充满挑战、能够激发学生创新思维的化学问题等来激发学生的学习兴趣，有助于促进学生创新思维的发展；渊博型的化学教师教学倾向于选择逻辑严密、有深度的内容设计教学，重点讲解化学概念与原理，从而帮助学生拓宽知识面，提升思维的深度[10]。

第五节 化学教师教学艺术风格的形成途径

化学教学艺术风格是化学教师教学观念、气质和性格在化学教学中的全面综合反映,而教学活动直接影响到学生的发展。因此,教师在塑造教学艺术风格的过程中不仅要考虑个人因素,还要考虑对学生发展的影响[10]。化学教师教学艺术风格的形成需要把握下文几个方面[11]。

一、发挥自身优势

化学教师要形成教学艺术风格,必须清楚地认识到自身的主观条件和外在的客观条件,找出自己的优势和不足。不同性格和气质的化学教师会形成各具特点的教学艺术风格。例如:幽默型化学教师活泼热情、诙谐幽默、妙趣横生,能够创设出生动形象的教学内容,有效地调动学生学习的积极性和主动性,活跃课堂气氛和建立融洽的师生关系。该类型的教师在教学艺术风格的形成过程中,应充分发挥自身优势,选择自己擅长的教学方式,延伸教学内容,活跃课堂氛围。启发型的教师性情随和,教学上长于理论分析、启发诱导,在教学艺术风格的选择上应充分发挥自身优势,设计具有启发性、思考性的教学内容,引导学生深入学习教学内容,提升化学思维能力。当然,以上分类并非绝对,多数化学教师都是复合型的,在化学教学中偏向于某种类型的教学艺术风格。教师应从自己的个性特点出发,找出自己的优缺点,着重在优势的方面进行训练和提升,不断地积累专业知识,充分利用教学挑战,敢于独立思考和创新,坚持发挥自己的优势。相信经过不懈的努力,一定会找到适合自身特点的教学艺术风格。

二、学会阅读与倾听

我国宋代文学家苏轼曾言:博观而约取,厚积而薄发。这句话对化学教学艺术风格的形成同样适用。化学教师要想形成自己的教学艺术风格,首先要提升自己的学识和修养。而读书是重要的途径。化学教师需要进行全面、系统地设计,筛选出适合自身专业能力提升的书籍,拟出具体的读书计划,并掌握科学有效的读书方法。丰富的化学专业知识和先进的教育理念通过多方渗透,在化学教学各个环节都表现出新的特点,从而最终促使化学教师形成独特的化学教学艺术风格。除阅读书籍外,化学教师还可以与人交流,请教他人,聆听来自学生、家长、同行和专家的不同声音。通过倾听,化学教师了解到学生的需求与心声,把握教育规律,捕捉学生迸发出的思维火花,激发学习动机,这样形成的教学艺术风格超越了单纯模仿,在顺应教学规律的过程中,不断地体验创造的乐趣[12]。

三、注重教学实践

化学教学艺术风格的形成必须通过不断的教学实践才能完成。其一,化学教师通过阅读所获得的知识和理论只有通过不断教学实践才能内化为教师的教学素养。其二,教师教学能力的提升需要长期的教学训练。教师在化学教学过程中积累了很多经验,发现了很多的问题,这些都是教学研究的课题。教师将理论与课题相结合,通过教学实践和教学反思,促使理论向实践渗透,从而提升自己的教学智慧和形成教学艺术风格。可见,理论学习、教学实践和教学反思是化学教师艺术风格形成的重要因素。化学教师只有将这几者紧密结合起来,在阅读和实践中思考,在反思和实践中提升,不断锤炼和不断创新,自觉主动地追求化学教学艺术,发挥个性与特长,从而形成独特的化学教学艺术风格。

参 考 文 献

[1] 李如密. 教学风格是优秀教师教学艺术的理想境界[J]. 教育科学研究,2001(4):59-60.
[2] 刘绍勤. 论教学风格的形成[J]. 中国高教研究,2001(2):71-72.
[3] 李源田,朱德全,杨鸿. 试论名师教学风格的养成[J]. 上海教育科研,2010(3):62-63.
[4] 贺雯. 教师的教学风格及其发展研究[J]. 外国中小学教育,2008(7):18-21.
[5] 齐晓东. 教学风格的含义、特征及构成要素[J]. 社会科学战线,2002(1):275-277.
[6] 李如密. 教师教学风格:学生发展的重要影响源[J]. 教育视界,2018(23):19.
[7] 王默,董洋. 高校教师教学风格的三大类型及其特点[J]. 南阳师范学院学报,2017(5):70-75.
[8] 杨伦. 教学风格,影响学生个性发展的新路径[J]. 教育视界,2018(12):26-27.
[9] 杨立刚. 教师教学风格与学生学习风格的相关性研究[J]. 教学与管理,2011(21):67-68.
[10] 黄玲. 教学风格影响学生思维发展浅析[J]. 教育视界,2018(12):25-26.
[11] 赵海红. 教师形成自我教学风格的路径[J]. 教育评论,2012(2):60-62.
[12] 梁红. 教师教学风格的类型及形成方法[J]. 甘肃教育,2018(6):92.

第十一章 化学教学评价的艺术

> 化学教学评价发挥着一种导向作用，能激发学生学习热情，促进学生主动学习。教学评价的主体可以是教师，也可以是学生，两者结合能够客观地评价学生的学习结果，提升课堂效率。阿里莫利认为学生参与教学评价能够提高课堂教学评价的信度。学生是教学过程的主体，他们了解教学目标是否实现，对学习环境的描述也较客观。课堂上他们的观察比其他突然出现的评价人员更为周全。评价的目的不是为了将评价结果的数据存档，而是利用评价数据做出反馈，适当调整教学或学习计划，以促进学生学习。通过评价，帮助学生判断自己的学习策略是否有效，教师教学中列举的例子是否适当，讲解是否清楚；帮助教师明确教学中应选择哪些问题？需要优先解决哪些问题？解决这些问题的有效策略有哪些？以及学生参与课堂评价能发挥哪些独特的作用？正如理查德·J.斯蒂金斯所言，教学评价的质量首先依赖于教师和学生对评价目标的界定。假如师生不知道也不理解评价目标，就不能有效地评价学习结果。因而，学生参与评价有利于师生沟通，从而有助于提高教学水平[1]。

第一节 化学教学评价艺术的特点

化学教学评价主要是对化学教学活动的描述。不是化学教学评价催生了好的教学，而是好的教学促进化学教学评价体系的合理建构。从某种意义上说，化学教学评价只是化学教学活动本身的延伸事件[2]。化学教学评价艺术具有下文所述特点[3, 4]。

一、建立在对学生尊重与理解的基础上

在化学课堂中，教师是教的主体，学生是学的主体，每个主体都有自己的观点和思想，在交流与互动中教师与学生的观点和思想相互碰撞、相互融合和相互理解。理解性的评价是对学生化学学习情况的真实反映，是化学教师与学生坦诚的沟通与交流。化学教师是否真正理解学生，只有学生才能检验。评价的最终目的是为了学生的成长，是对化学学科价值的正确认识与评价。化学教学是一个复杂的系统，理解性的评价不仅仅是对学生做不偏不倚的成绩评定，而应该考虑到学生的努力程度、进步程度、能力差异，给予学生客观的评价，促进学生全面、协调和持续发展。

二、注重师生之间的交流与互动

化学教学评价是依据核心素养构成要素与教学观察，对化学教学过程及成效进行交互共建的结构化评价系统。其特点：结构完整、方式多样、标准明确、过程扎实，主要体现在评价者与评价对象、教学过程与结果、师生之间的互动交流，形成评价目标、评价主体与评价方式密切结合、相辅相成的关系，实现"教-学-评"一体化。

三、采用多种评价方式

教师可采用多种途径与方式对学生进行评价。例如：教师可充分利用传统手段与数字化平台完成评价活动，可采用三种方式：其一，利用互联网创建化学教学设计评价网络平台，记录学生网络学习表现；其二，设计与整理学生学业成绩观察表，包括学生化学探究学习行为观察表、单元学习测评表、学生档案袋等；其三，设计与整理课堂教学行为观察表，包括化学课堂师生交流观察表、提问及回答行为观察表、单元教学学生习得性评价调查表、单元教学自我反思评价表等。

化学教学评价包括课堂教学即时评价，单元教学评价等不同阶段的评价。其中，单元教学评价是针对一个化学单元中的某一课时的课堂教学状况的观察、评估，对教学设计、教学过程和教学反思等进行整体性评价。单元教学评价是指在某一单元结束时对化学课堂教学质量进行全面系统的评价。

四、质性评价和量化评价相结合

化学教学评价贯穿于化学教学活动的始终，强调教师和学生的课堂表现；强调化学教学评价情境的作用；强调化学教学过程本身的价值。过程取向的评价既倡导"量的研究"，也关注"质的研究"。它承认评价是一种价值判断过程，是对人的主体性、创造性的尊重[5]。

第二节　化学教学评价艺术的原则

化学教学评价的目标是学生学习活动主动有趣，活动内容丰富实效，进而使得教师的教和学生的学习变得更有成效、更具教育和生活意义。化学教学评价艺术的原则如下文所述。[6, 7]

一、发展性

化学教学评价的目的不仅仅是为了甄别，更重要的是为了促进未来的教学实践，即促进教师的教和学生的学，使得学生的科学素养得以提升，化学教学效益得以彰显。通过评价，教师和学生了解教与学存在的优势和问题，促使教师和学生进一步反思成功的经验和失败的教训，促进化学教学质量的提高。把化学教学评价对象从教师的教学表现转向关注学生的成长，关注学生的认知、技能、情感状态，将学生的发展放在评价的中心。发展性的评价促进教师进一步优化教学过程，采用最有效的教学方法，实现教学过程组织与管理最优化，从而保障化学教学质量。

二、人本性

化学教学评价应以提升学生化学学科核心素养为宗旨。人本性的评价体现了"以学论教"和"以学论学"的思想。"以学论教"指的是教师通过学生在化学课堂学习中的行为表现，评价教学效果，优化教学方式和提升专业素养。"以学论学"指的是学生根据教师课堂评价，积极反思优化自己的学习方式，探索新的学习资源，提升学习效率。

三、统整性

统整性是指以化学教学目标为导向，协调教学诸多要素，融合多元化评价手段，并基于一体化教学机制形成系统化教学评价体系。同一节化学课采用不同的评价视角、评价工具、评价方法，会得出不同的评价结论。充分利用各评价工具针对学生化学学科核心素养进行综合评估和科学选择，关注化学教学过程中的质性评价，对师生在教学过程中的资源使用的状态进行质性评估，从而使评价结果更贴近课堂的真实面貌，更贴近学生发展的需求。

四、双向性

化学教学评价的双向性指的是评价过程应考虑教师和学生两个方面的活动，不仅要关注学生对学习知识的掌握程度，考虑是否有助于提升学生的化学学科核心素养，还要关注教师的教学行为，如从目标、过程、方法、效果等方面对教师的课堂教学表现进行评价。

五、合理性

化学教学评价的双向性指的是评价过程应考虑教师和学生两个方面的活动，不仅要关注学生对学习知识的掌握程度，考虑是否有助于提升学生的化学学科核心素养，还要关注教师的教学行为，如从目标、过程、方法、效果等方面对教师的课堂教学表现进行评价。

第三节 化学教学评价量表

化学教学评价量表是化学教学评价最常用的工具之一，是考察化学教学效果的参照标准和规范化学教师行为的重要手段。化学教学评价量表的使用能够提高学生的学习能力和教师的教学效率。[8,9]

一、教学设计评价

当代教学设计理论家将教学设计比作"旅行"，其中涉及三个基本问题，即我们要到哪里去？我们怎样到那里去？我们是否到了那里？其中"要到哪里去？"指确立目标的过程，"怎样到那里去？"是导向目标的过程，而"是否到了那里？"则是评估目标的过程。

化学教学设计的重点是以学定教，即以学生的现有状态为起点设计教学，在教学中要经历若干子目标，最终制定化学教学评价目标，从而实现学生内部心理结构或者外部行为表现从现有状态向预期状态的转变。因此，化学教师在开展教学设计时应注意四点：第一，在充分掌握学情的基础上设计课堂上需要讨论的问题、学习程序、环节以及能够促进生生互动、师生互动的教学活动；第二，设计符合学生知识基础的学习任务和学习资源；第三，制定明确的自主学习目标、任务、方法及评价；第四，依据课程目标和学情，创造性地使用教材。教学设计评价量表如表11-1所示。

第十一章 化学教学评价的艺术

表 11-1 教学设计评价量表

项　　目	说　　明	分值	得分
教材处理	教师要依据化学课程目标和学情，进一步加工化学教材，创造性地使用化学教材	20	
学习任务	设计符合学生知识基础的、可操作的化学学习任务；必要时，将学生分类并提出不同层次的化学学习任务	20	
教学活动	在充分掌握学情的基础上设计课堂上讨论的问题、学习程序、环节，以及生生互动、师生互动的化学教学活动	20	
学习指导	自主学习目标明确，内容具有一定的难度，方法多样，评价及时	20	
学习资源	提供有一定难度、梯度或能够模拟真实情境的学习资源	20	

该评价量表重点提出的教师在化学教学设计过程中需要关注的五个方面(即教师处理与分析教材，制定学习任务，设计教学活动，设计自主学习活动内容并提供相关的指导，选择和整合学习资源。评价内容主要考察化学教师作为教学设计者有没有创造性地使用化学教材，合理地整合化学教学资源；有没有提供学生自主学习的空间，引导学生自主探究，并及时提供指导和反馈；有没有有效地组织班级同学合作交流，分享学习成果；有没有提供有梯度的学习任务，满足不同类型学生的学习需求。

二、化学教学环节评价

化学课堂教学模式多样化，针对不同的教学模式应采用不同的评价量表。例如：以自主学习为主的课堂教学基本环节为：自主先学、讨论交流、质疑拓展、检测反馈、小结反思。上述基本环节不是固定不变的流程或模式，教师可以根据不同学段或课型自主组合，形成适合自己的教学流程。该环节的评价量表(如表 11-2)能促使教师与教师之间讨论课堂教学环节改革的重点内容，实现教师之间互相评议，以便及时发现存在的问题，并采取相应的方法和手段，提高教学质量。

表 11-2 化学教学环节评价量表

项　　目	说　　明	分值	得分
自主先学	预习：学生在课前或刚开始上课的时间段内自主学习，提出问题。教师和学生共同梳理，并提取出课堂学习的主要问题(即核心知识点、重难点)； 学习新知识：学生通过阅读与探究，尝试解决以上问题。解决问题的过程中，学生可自主安排学习方法和进度，最终实现对新知识的理解	20	
讨论交流	讨论：同桌之间或者小组成员之间交流讨论，获得结论； 交流：各小组学生代表报告学习成果，其他成员整理学习内容，理清问题解决思路	20	
质疑拓展	理清共性的问题、组内尚未解决的问题、需要拓展探究的问题，通过组间成员互教互议、教师指导、组间竞赛等方式，进一步加以解决	20	
检测反馈	检测：通过现场提问、观察、当堂测试等手段，评估学生的学习进展； 反馈：教师提供明确的反馈，指导学生查漏补缺，进一步理解新知	20	
小结反思	通过绘制概念图、思维导图等方式概括、小结学习内容	20	

三、"教"和"学"的行为评价

教学行为评价主要考察学生的学习行为和教师的教学行为。对教学行为的评价有利于教师反思自己的教学行为，及时发现教学问题；对学习行为的评价有利于学生及时监控自己的学习表现，提升学习能力。

（一）教师教学行为评价

教师的教学行为评价可以根据不同的课堂教学模式，设计不同的评价量表。

(1) 以"教"为主的教师行为评价

从教师"教"的角度出发设计的评价指标体系（见表11-3），指向教的行为与结果。评价量表可以从目标、内容、过程、方法、能力、效果和创新七个方面评价教师的化学教学行为。评价量表中的指标针对讲授式为主的化学课程教学要求，即把教师的课堂教学拆解成多个要素，分别对其进行评价打分。

表 11-3　以"教"为主的教学行为评价量表

评价项目	评价目标	权数	等级				得分
			优	良	中	差	
教学目标	符合化学教学大纲要求和学生实际；注重培养学生化学学科核心素养	0.1	10	8	6	4	
教学内容	科学性、系统性、思想性、方法性、技能培养、习题设计、拓展应用、注重实践	0.2	20	16	12	8	
教学过程	新课导入，环节过渡，重点、难点突破；启发诱导，师生互动；结课设计	0.2	20	16	12	8	
教学方法	针对性、启发性、趣味性、生动性、合理性	0.15	15	12	9	6	
教学能力	组织教学、应变能力、语言表达、板书设计、实验操作技能、教具使用	0.2	20	16	12	8	
教学效果	教学目标的实现；学生参与接受的程度；学生掌握情况的检测	0.1	10	8	6	4	
教学创新	教学内容、活动设计、习题设计新颖	0.05	5	4	3	2	
总分							
评语							

(2) 以"学"为主的教师行为评价

以"学"为主的化学教学倡导教师要成为课堂学习活动的指导者、组织者和协助者。教师对教学的主导作用主要体现在对学情的掌握、对教学内容的设计、对学习活动的组织和对深化学习问题做出适当的点拨、有针对性地提供指导等。教师要有目的、有计划地逐渐从讲台上"走下来"，改变以往讲授为主的教学习惯，把教学的重点转移到引导学生自主学习、合作探究上；更多地参与到小组学习中，有效指导学生；驻足在学生的课桌旁，仔细观察学生。具体体现在五个环节，即教师行为的"五步"：预习活动（让一步），问题思考（慢一步），讨论交流（退一步），课堂观察（停一步），总结反思（缓一步）。针对以上内容设计教学自评量表如表11-4。

表 11-4 以"学"为主的教师行为自评量表

项　目	说　明	选　项				
		5	4	3	2	1
预习活动	在指导预习时,教师"让一步"空间,引导学生自主发现问题,感知问题,主动提出问题					
问题思考	在解决学生预习中的问题、学习中产生的新问题时,教师"慢一步"指出问题的答案,让小组同学合作交流,探寻问题的答案					
讨论交流	在交流展示、质疑拓展中,教师"退一步",把黑板和讲台还给学生,让学生自己"讲出来"					
课堂观察	在组织课堂教学的过程中,教师要"停一步",观察学生的讨论内容、存在的问题,并及时地提供帮助					
总结反思	在教学任务即将完成时,教师要"缓一步",给学生留下思考与顿悟的时间,让学生用自己的语言表达对所学内容的理解					

注:5 分为非常同意,4 分为较同意,3 分为同意,2 分为较不同意,1 分为非常不同意。

(3) 翻转课堂模式下的教师行为评价

翻转课堂是指在信息化环境中,化学教师提供化学教学视频,学生课前通过观看教学视频,自主学习新知识。师生在课堂上针对所学内容,与学生一起完成作业答疑、合作探究和互动交流等一系列活动的教学模式[10]。教师教学活动评价主要针对教师制定的化学教学目标,选择的化学教学方法,设计的化学教学内容,从课前、课中和课后三个阶段进行评价。

表 11-5 翻转课堂模式下的教师行为评价量表

环节	指　标
课前	是否体现了以学生为中心的教学观念?
	微视频的制作质量是否达标?
	视频讲解是否达到教学目标要求?
	语言讲解风格是否恰当?
	是否与学生在教学平台上进行互动交流,及时回复解答学生的问题与困惑?
	是否整理分析学生在线作业提交的情况,及时归纳知识的重点难点,分析学生的易错点?
课中	是否转换教师角色,成为学生学习活动的引导者、促进者?
	教学内容是否侧重于化学知识的理解和应用,化学技能和化学方法的掌握?
	是否组织学生有效探究,帮助学生开展小组合作学习,提供个性化的指导与帮助?
课后	是否建立学生学习档案,记录每个学生的学习情况,并提供针对性的辅导?
	是否能制作更多优质在线学习资源,指导学生利用在线学习平台完成自主学习?

(二)学生行为评价量表

(1) 以"教"为主的学生行为评价

学生课堂学习行为评价量表关注学生的课堂行为表现和情感体验,有利于教师及时掌握教学信息,及时提供学习指导策略,提升学生的学习能力和教学效率(见表 10-5)。该评价量表主要以学生的学习状况来评价化学教学效果,通过分析学生在化学课堂中的师生交流状态、问题解决能力、实验表现和学习达成状态来了解化学教师的教学状况。这种新的评价理念是对传统的化学教学评价的突破,体现了化学教学改革的基本理念。值得注意的是不能仅以学生的学习和发展状况来衡量教师的教学,应当结合教师的教学表现和课堂教学效果,更加客观地评价教师的教学能力。

表 11-6　以"教"为主的学生行为评价量表

指标	要素	评语
师生交流	学生对化学学习是否感兴趣?	
	学生与教师是否相互尊重?	
	学生与学生、学生与教师之间是否能保持多向的信息交流?	
	学生是否踊跃地参与化学学习活动?	
	学生是否有能主动合作、有效合作?	
	学生是否积极回答问题?	
问题解决	学生是否能发现问题?	
	学生是否能提出问题?	
	学生是否能分析问题?	
	学生是否能解决问题?	
	学生是否有创新意识?	
实验表现	学生是否能仔细观察?	
	学生是否能设计实验?	
	学生是否能如实记录实验数据?	
	学生是否能得出结论?	
	学生是否能创新实验?	
学习达成状态	学生是否具有满足感?	
	学生是否掌握了本节课的知识与技能?	
	学生是否具有进一步学习的动机?	

(2) 以"学"为主的学生行为评价

学生行为的评价注重学生学习的主动性、与同伴合作时的参与性、对问题的探索性及对学习结果的反思性等方面,目的是让学生不仅学会,还要会学、乐学等。针对"五学",即自学、互学、问学、"教"学、悟学,设计自评量表(见表 11-7),帮助学生在学习的过程中及时监控自己的学习行为。学生行为自评量表涉及学生在学习活动中的五个环节及相应的行为表现,该量表有助于师生更加融洽地参与到课堂学习中,有助于学生及时反思自己在课堂上的表现,及时修正自己的行为,提升课堂参与度和学习效率。

表 11-7　以"学"为主的学生行为自评量表

项目	说明	选项				
		5	4	3	2	1
自学	认真完成课前预习,在课堂上能够根据教师提出的学习任务,自主开展学习活动					
互学	乐于跟小组成员合作、交流,通过讨论与协商解决问题;乐于向全班同学分享本小组的讨论结果					
问学	能够提出问题,能够在与同学讨论中提出自己的不同看法,能够用学到的知识来解决实际问题					
"教"学	能够用自己的语言表达对所学知识的理解,在指导其他同学时能够把问题及解决的方法讲解清楚,通过教学活动,还能加深自己对学习内容的理解					
悟学	通过与其他同学交流,倾听其他小组的汇报及教师的讲解,自己能够对本节知识产生新的理解,原来感到困惑的问题也得到合理的解释					

注:5 分为非常同意,4 分为较同意,3 分为同意,2 分为较不同意,1 分为非常不同意。

(3) 翻转课堂模式下学生行为评价

翻转课堂模式下学生学习行为评价是以学生作为评价对象，针对学生的学习行为、学习成效等进行评价的。

表 11-8 翻转课堂模式下的学生行为评价量表[10]

环节	指标
课前	是否完整观看微视频，并掌握微视频中的知识内容？
	是否能按时完成并提交作业？
	教学平台上是否能积极提出问题？
	教学平台上是否乐于解答同学所提的困惑？
	教学平台上是否积极参与讨论与交流活动？
课中	是否能积极探索化学问题，查找学习资料，独立分析和解决化学问题？
	是否能参与合作学习，与同学的配合交流互动，共同完成化学学习任务？
	是否能够全面展示，条理清晰地汇报学习成果？
课后	是否能与教师积极主动沟通交流？
	是否能跟上班级学习进度？
	是否能主动探究，及时完成个人的作业？

（三）课堂教学效果评价量表

课堂教学效果是化学教学评价的重要指标。教师可以运用课堂教学效果评价量表来考查化学教学有效性的要素、过程和实际结果（见表11-9）。此评价量表从课堂教学四个要素加以评测，分别是学生的"学"、教师的"教"、课程性质和课堂文化。应用该评价量表，教师更容易发现化学教学过程中存在的具体问题。

表 11-9 课堂教学效果评价量表

要素	指标
学生的"学"	准备：是否预习化学教学内容，是否做好听课准备工作？
	倾听：课上是否倾听教师的讲授，能否倾听学生的回答和建议？
	互动：师生、生生之间是否能有效互动？
	自主：能否自主完成预习、学习新知识和复习等活动？
	达成：是否能完成教学目标？
教师的"教"	环节：教学环节是否流畅、是否生动有趣、是否富有启发？
	呈现：教学举例、模型或实物、演示实验是否恰当？
	对话：师生之间是否能有效对话？
	指导：能否提供学法指导？
	机智：能否有效应对教学突发事件？
课程性质	目标：是否能明确教学目标？
	内容：教学内容是否恰当？
	实施：是否能成功实施一系列教学活动？
	评价：是否能客观评价"教"与"学"？是否能给予学生及时和有效的反馈？
	资源：是否能选择和统筹丰富的教学资源？
课堂文化	思考：是否能启发学生积极思考？
	民主：是否能构建宽松民主的学习氛围？
	创新：是否能支持和鼓励学生的创新活动？
	关爱：是否关爱学生，特别是特殊的学生，有效辅导特殊需求的学生？
	特质：教学风格是否能促进化学教学效果，促进学生学习风格的形成，提升学生对化学的学习兴趣？

第四节　化学教学评价的发展趋势

教师开展化学教学评价经常使用化学教学评价量表，然而化学教学评价量表有一定的适用范围。如果对于不同的学段、课型、教学风格及教学主题使用相同的评价量表，获得的结论会有失偏颇。化学教学评价应尊重教学差异，并切实提升评价的专业化水平。关注化学课堂的差异，无疑将成为今后化学教学评价发展的新趋势[11]。

一、关注学段差异

不同学段的学生在化学学习过程中会表现出不同的发展特点。初中生擅长形象思维，高中生擅长抽象思维。与此相对应的，在初中或高中课堂教学中，教师需要采用不同的教学方法和教学策略。在进行化学教学评价时，教师同样应该考虑到这些影响因素。化学教学评价只有适应不同学段的学习特点，才是真正收到教学实效。

二、关注化学课型差异

化学教学有多种课型。例如：新授课、实验课、练习课、复习课等。不同的课型教学差异较大。例如，对于新授课，评价指标侧重于授课内容、教学重点、教学方法和教学效果等方面的评价指标，但对于复习课来说，需要侧重考察学生是否掌握化学知识，形成相应的技能和培养科学品质。若用相同的评价指标来评价不同课型的化学教学活动，无法突出不同的独特功能。

三、关注教学风格差异

化学老师有不同的个性和特点，也各有自己擅长的教学方法和教学模式，这些因素是不能用一张评价表所评定的。不同的个性和特点形成独特、多样的教学风格，在教学过程中潜移默化地影响着学生，使得学生在适应与欣赏教师的教学风格中发展自身的学习风格。化学教学风格不能简单地用优与劣来评价，需要综合地考察风格、学习需求及课堂教学效果等因素，促使化学教学生动多样、富有创造力。

四、关注教学主题差异

教学设计的过程中，化学教师会把自己认同的教育理念或教育哲学思想渗透其中。在进行化学教学评价时，应当考察教育理念或思想在化学教学中的达成情况。这种评价方式有助于形成特色化学课堂，也能促进化学教师的专业发展。与不同类型的化学课堂相对应的化学教学评价指标，应强调教学理念或化学教学内容的实施效果，检验学生对教学内容的掌握和素养的提升。

参 考 文 献

[1] 董琼. 学生如何深度参与课堂教学评价——促进学生学习与教学改进的评价新取向[J]. 人民教育, 2019(13-14): 106-109.

[2] 位涛. 教学评价的基础性维度——基于赫尔巴特"教育性教学"的成人指向[J]. 中国教育学刊, 2019(5): 47-52.

[3] 刘翠. 基于核心素养的化学教学课例研究[M]. 上海: 华东师范大学出版社, 2019.

[4] 冯光伟. 课堂教学呼唤理解性评价[J]. 教育研究与实验, 2018(5): 53-57.

[5] 顾书明. 课程设计与评价[M]. 南京: 南京大学出版社, 2015.

[6] 夏心军. 课堂教学评价: 学生发展核心素养取向[J]. 中小学教师培训, 2018(7): 31-35.

[7] 杨四耕. 略论反思性教学评价标准的建立[J]. 中国教育学刊, 2001(4): 41-44.

[8] 杨金月, 黄伟. 中小学课堂教学评价量表研究及其改进建议[J]. 中小学课堂教学研究, 2017(5): 3-5.

[9] 刘翠. 基于"学讲计划"的课堂教学评价研究[J]. 基础教育课程, 2018(13): 45-51.

[10] 李亚楠. 翻转课堂模式下的教学评价研究[J]. 基础教育研究, 2017(5): 25-28.

[11] 李如密. 深度差异化: 课堂教学评价的新趋势[J]. 教育测量与评价, 2018(9): 3.

反侵权盗版声明

电子工业出版社依法对本作品享有专有出版权。任何未经权利人书面许可，复制、销售或通过信息网络传播本作品的行为；歪曲、篡改、剽窃本作品的行为，均违反《中华人民共和国著作权法》，其行为人应承担相应的民事责任和行政责任，构成犯罪的，将被依法追究刑事责任。

为了维护市场秩序，保护权利人的合法权益，我社将依法查处和打击侵权盗版的单位和个人。欢迎社会各界人士积极举报侵权盗版行为，本社将奖励举报有功人员，并保证举报人的信息不被泄露。

举报电话：（010）88254396；（010）88258888
传　　真：（010）88254397
E-mail：dbqq@phei.com.cn
通信地址：北京市海淀区万寿路173信箱
　　　　　电子工业出版社总编办公室
邮　　编：100036